COLCHAS

Y EDREDONES

KATHARINE GUERRIER

susaeta

A QUANTUM BOOK

Traducción: Mercedes Zorrilla
Director artístico: Ian Hunt
Diseño: Annie Moss
Ilustraciones: Katherine Guerrier, Danny McBride

© 1995 Quintet Publishing Limited
© 1997 SUSAETA EDICIONES, S.A.
Campezo s/n - 28022 Madrid
Tel. 300 91 00 - Fax 300 91 10

Este libro ha sido producido por
Quantom Books Ltd.
6 Blundell Street
London N7 9BH

Impreso en China por Leefung-Asco Printers Ltd.

Contenido

TELAS Y RELLENOS PARA PATCHWORK

El renovado interés de los últimos tiempos por el patchwork ha contribuido a que aumentara la variedad de telas de algodón puro, las más adecuadas para este tipo de trabajo. En las revistas de labores es fácil encontrar anuncios de fabricantes de telas que ofrecen nutridas selecciones de telas lisas y estampadas. Los muestrarios son una fuente prácticamente inagotable de material para el aficionado al patchwork, pero existen otras fuentes de aprovisionamiento que vale la pena tener en cuenta, como son las ofertas de restos de los grandes almacenes, los mercadillos o los retales que les sobran a los profesionales de la confección. En las labores de patchwork también se utiliza tela de algodón mezclado con poliéster, popelina, panilla y crinolina de algodón, así como telas finas de tapicería. Si se está un poco atento, es fácil hacerse con una colección de telas adecuadas; los anchos de entre 25 y 50 cm, o como mucho de 1 m, suelen ser suficientes para las primeras labores. La mayoría de las telas fabricadas especialmente para patchwork son lisas o con estampados pequeños, pero no por eso debemos descartar los estampados grandes, puesto que en muchos casos crean efectos muy interesantes. La seda, el terciopelo y el tafetán dan a los patchworks acolchados una calidad especial, pero son difíciles de trabajar, por lo que es aconsejable reservarlas para algún proyecto futuro, cuando se haya adquirido más experiencia. Recuerde que las telas con el pelo orientado en alguna dirección, como la panilla, la pana o el terciopelo, parecen cambiar de color cuando se invierte el sentido del pelo.

Es importante considerar previamente cómo se va a limpiar o lavar la labor acabada: el algodón es con diferencia la tela más práctica para hacer un edredón de patchwork acolchado. Es mejor utilizar otras telas más exóticas en labores decorativas, tales como tapices o cortinas.

Es recomendable que las distintas telas que utilicemos sean de un grueso similar, ya que, si colocamos una tela de algodón fina al lado de una pieza de pana, lo único que conseguiremos es que se frunza y tenga una caída extraña. Con todo, las telas más finas pueden reforzarse adhiriéndoles una entretela en el revés. Las telas elásticas o tejidas no

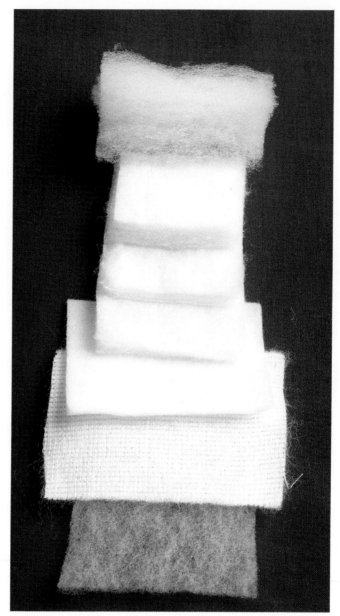

~
IZQUIERDA
Selección de diferentes rellenos para acolchado. De arriba abajo: 1, la guata de poliéster se comercializa en distintos pesos; en la fotografía vemos el de 120 g/m²; 2, 3 y 4, guata de seda de distintos gruesos; 5, guata de algodón, relleno poco abultado; 6, terylene, *relleno tramado muy adecuado para tapices; 7, guata de poliéster prensada con agujas.*
~

son adecuadas para las labores de patchwork. Una tela que se deforme durante la confección del acolchado puede desencajar el resto y arruinar el dibujo. Las telas siempre deben lavarse previamente para evitar que se encojan después y para comprobar la solidez de los colores. Si alguna pieza suelta tinte, siga aclarándola hasta que el agua salga limpia. En caso de utilizar prendas viejas, no utilice las zonas gastadas o descoloridas.

GUATA DE ALGODÓN O SINTÉTICA

La elección del relleno (la entretela gruesa que se coloca entre el patchwork y el forro) puede ser complicada debido a la variedad de géneros que se ofrecen. Depende en gran medida del acabado y del uso que pensemos darle a la labor.

El relleno más económico es la guata de poliéster, que se vende en distintos gruesos. Para el acolchado a mano o a máquina la de 60 gramos por metro cuadrado es la más práctica, ya que como es bastante fina, no es difícil traspasarla con la aguja; es un buen relleno, caliente y ligero, puede lavarse y no encoge ni se deshace con el uso, ni siquiera en el caso de que las costuras de acolchado estén muy distantes entre sí. Las guatas más gruesas son apropiadas para el acolchado de nudos. Dan a los edredones un aspecto más mullido y acogedor. Otra ventaja de la guata de poliéster es que se vende en piezas grandes, que permiten acolchar labores de gran tamaño sin necesidad de unir varias piezas. También se vende en rollos de anchos menores para labores más pequeñas. Uno de los inconvenientes de la guata de poliéster es que despunta las tijeras y las agujas de la máquina de coser muy rápido, pero es un mínimo problema si se compara con sus ventajas.

La guata de poliéster prensada con agujas es más compacta, ya que ha sido sometida a un proceso de prensado con cientos de agujas, que reduce el grosor pero mantiene el peso por metro cuadrado. Es adecuada para el relleno de tapices acolchados, a los que les da un aspecto más liso.

La guata de algodón era el material de relleno tradicional para edredones. Antiguamente, se cardaba en casa, pero ahora se vende por metros, ya preparada. Los edredones quedan más lisos, con un aspecto más «antiguo», pero es más difícil de trabajar. Se presenta cn piezas, doblado sobre una protección de papel, que debe ser separada cuidadosamente para dejar al descubierto las fibras sueltas. El algodón no se mantiene unido como el poliéster, debe ser acolchado con costuras muy juntas para que no se mueva. Los fabricantes recomiendan que los edredones rellenos de guata de algodón se limpien en seco. Tampoco pueden ser encogidos previamente, ya que el relleno se desharía.

Una variedad muy útil, que soluciona muchos de los inconvenientes de la guata de algodón puro sin perder calidad, es la guata hecha con una mezcla de 80 % de algodón y 20 % de poliéster. Tiene la superficie engomada para facilitar el manejo y puede encogerse previamente: para ello, se introduce la guata en una bolsa de tela de algodón (por ejemplo, un almohadón), se sumerge en agua caliente y se centrifuga en la lavadora. A continuación, se saca de la bolsa, se sacude con cuidado y se tiende en un lugar templado. Hay personas a las que les gusta el aspecto algo «antiguo» que adquiere la labor acabada cuando se lava sin haber encogido el relleno previamente, de manera que frunce un poco la tela del patchwork.

Actualmente, la guata de seda pura también se vende por piezas. Acolchada con hilo de seda confiere al edredón un delicado tacto. Sin embargo, es cara y, probablemente, es mejor reservarla para

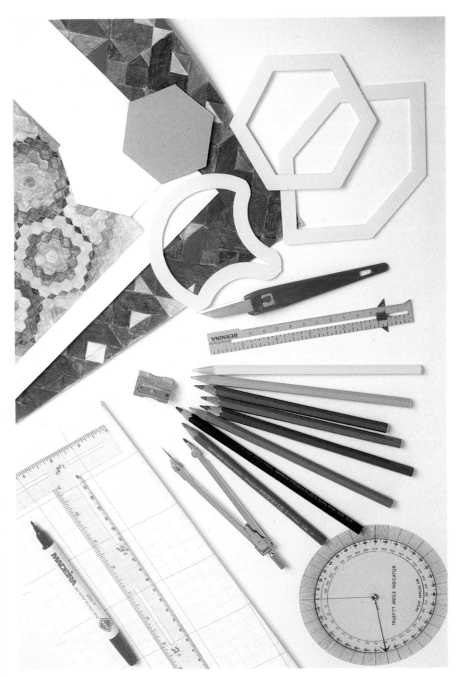

prendas de vestir o labores pequeñas. El *terylene*, que se comercializa para el forro de cortinas, es un buen relleno para los tapices y las cortinas de puertas. La superficie queda plana y la caída es buena.

Siempre es aconsejable mirar los anuncios de los fabricantes, ya que continuamente aparecen nuevos productos. Si tiene dudas acerca de qué tipo de relleno elegir, pida muestras a su proveedor. Aunque no se vea, la capa de relleno es tan importante como las telas exteriores.

ARRIBA
Herramientas de dibujo útiles para las labores de patchwork
~

FORRO

Si vamos a una exposición de edredones, veremos que muchos aficionados los cogen por las puntas y miran la parte posterior. No sabemos si examinan la perfección de las puntadas o si intentan juzgar la personalidad del artista basándose en la elección del forro, pero seguro que se sorprenderían de encontrar en el Museo Americano de Inglaterra un edredón reversible confeccionado por dos hermanas. El dibujo que forman las piezas de los dos lados es igualmente intrincado, aunque, normalmente, el forro de un edredón suele estar hecho con una sola pieza de tela.

Si piensa acolchar a mano, escoja una tela de forro de algodón más bien fina, para que la aguja se deslice fácilmente por las tres telas. El peso del forro debe ser similar al de las telas utilizadas para el patchwork. Hay piezas de tela con anchos de hasta 275 cm, pero estas medidas no son recomendables para el acolchado a mano ya que el tejido suele ser muy denso, lo que dificulta el paso de la aguja; en cambio, son adecuadas para el acolchado a máquina. El forro debe medir 10 cm más que el patchwork por todos los lados. Si necesita añadir varios largos para conseguir el ancho necesario, recuerde hacer pequeños cortes en la costura de empalme, ya que, de no hacerlo, aparecerán frunces inoportunos. Abra las costuras y plánchelas.

Tenga en cuenta que la tela de forro estampada disimula las puntadas del acolchado, mientras que los forros de tela lisa las destacan.

EQUIPO

El equipo esencial para las labores de patchwork es el mismo que para la confección de prendas de vestir, más algún otro accesorio.

TIJERAS

Reserve unas tijeras afiladas para cortar tela y tenga otro par para papel, ya que con el papel y la cartulina las tijeras pierden el filo enseguida. Las tijeritas de bordar son útiles para cortar hilos y recortar la tela sobrante de las costuras.

ALFILERES

Los alfileres con cabeza de vidrio se ven mejor, además de ser más largos y finos. Si se guardan pinchados en un acerico, en lugar de tenerlos en una cajita, es mucho más fácil recogerlos cuando se caen al suelo.

Los alfileres especiales utilizados para vestidos de novia también son largos y finos, y muy adecuados para telas delicadas.

AGUJAS

Es conveniente tener agujas de varios tamaños. Para coser a mano los retales utilice agujas finas pero de un largo que permita dar tres o cuatro puntadas a la vez. Para el acolchado son mejores las agujas cortas y finas, es decir, de números más altos.

HILO

Es necesario disponer de una mínima selección de hilos para coser a mano y a máquina. A medida que vaya haciendo distintas labores irá teniendo más colores, hasta reunir toda una colección. Cuando cosa los retales de patchwork intente que el color del hilo sea lo más parecido posible al de la tela. Si tiene dudas, elija siempre el tono más oscuro. Del mismo modo, cuando cosa un retal oscuro con otro claro, utilice un hilo que combine con el más oscuro.

El hilo de acolchar es más grueso que el de coser a máquina y se prefiere para coser y acolchar a mano.

UN DEDAL

Es difícil encontrar un dedal que se adapte bien, pero vale la pena buscarlo. Protege el dedo y permite coser durante muchas más horas. Si no soporta los dedales de metal, recuerde que existen modelos de cuero.

CERA DE ABEJAS

Sirve para reforzar el hilo y evitar que se hagan nudos al coser a mano.

CINTA MÉTRICA

Es un elemento esencial en todo costurero. Muchas están divididas en centímetros por un lado y en pulgadas por el otro, lo que puede resultar útil en algún caso.

DESCOSEDOR DE COSTURAS

Es más eficaz que las tijeras para deshacer puntadas pequeñas.

PLANCHA

Los retales y las costuras se tienen que planchar bien, por lo que es imprescindible una buena plancha de vapor, o una plancha tradicional y un vaporizador de agua.

MÁQUINA DE COSER

Agiliza en gran manera la construcción del patchwork de tipo americano, pero cualquier tipo de patchwork puede coserse a mano.

LÁPIZ DE JABONCILLO

Elija uno que deje una línea fina en la tela. Los rotuladores de tinta mágica,

que desaparece a las veinticuatro horas, son una buena alternativa.

MEDIDOR DE ORILLOS

Es útil para medir las piezas pequeñas. La medida del orillo que se utiliza para las labores de patchwork es de 6 mm. En las tiendas especializadas venden reglas cuadradas con bordes de 6 mm que son muy útiles tanto para comprobar la medida de los orillos como para hacer plantillas. El corte de las piezas debe hacerse con precisión y consume más tiempo que el cosido, por lo que resulta muy útil comprar una cuchilla circular y una alfombrilla especial para agilizar el proceso. Es necesario practicar antes un poco para aprender a utilizar la cuchilla con soltura.

EQUIPO PARA EL DISEÑO

CARTULINA

Destinada a los refuerzos de papel utilizados en el patchwork inglés, aunque los sobres usados y otros papeles de un grueso parecido también sirven.

PAPEL CUADRICULADO

Para dibujar y hacer las plantillas.

PAPEL PAUTADO ISOMÉTRICO

La pauta de triángulos es una guía de gran precisión para la confección de plantillas de cualquier medida con formas hexagonales y romboides. También es útil en el diseño de dibujos para edredones construidos con dichas formas.

EQUIPO BÁSICO DE DIBUJO TÉCNICO

Una caja de compases, un transportador y una escuadra.

ROTULADORES Y LÁPICES DE COLORES

Siempre es útil probar diferentes combinaciones de color en la etapa de planificación y diseño.

REGLA DE PRECISIÓN

Para dibujar y medir las plantillas.

PLANTILLAS

Para empezar es útil disponer de un juego de plantillas de metal o plástico, pero enseguida deseará hacérselas usted y disfrutar de mayor libertad en el diseño. Pueden hacerse de cartulina gruesa recortándolas con una regla de metal y una cuchilla. Es importante que el corte sea muy preciso.

CONFECCIÓN DE PLANTILLAS PARA PATCHWORK INGLÉS

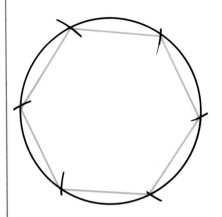

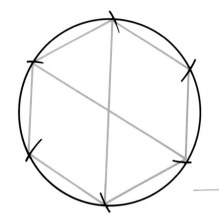

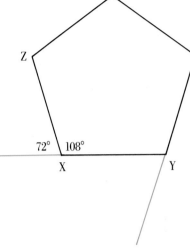

CÓMO DIBUJAR UN HEXÁGONO

Abra el compás a la medida del ancho que desee dar a los lados del hexágono y trace un círculo. Con la misma medida, coloque la aguja del compás en cualquier punto del círculo y trace un arco que corte la línea del círculo. A continuación, coloque la aguja en el punto de corte y trace otro arco. Continúe alrededor del círculo hasta cortarlo por seis puntos. Una los puntos con líneas rectas para dibujar el hexágono.

DIAMANTE

Dibuje un hexágono y a continuación forme dos diamantes y dos triángulos equiláteros uniendo puntos opuestos.

PENTÁGONO

Dibuje una línea y marque los puntos X e Y, con una distancia entre ellos igual al largo que desee dar a los lados. Desde el punto X, con un transportador, marque un punto Z en una línea que forme un ángulo de 108°. Repita la operación hasta completar los cinco lados.

CONFECCION DE PLANTILLAS

El tipo de plantilla que necesite para su trabajo dependerá del método que haya elegido para coser. Para el método de patchwork inglés, en el que los retales se hilvanan sobre papel y se cosen sobrehilando, la plantilla básica para recortar los refuerzos de papel debe ser del tamaño de las piezas acabadas.

Si encuentra la plantilla de metal o plástico de la forma y tamaño que desea, cómprela, ya que duran mucho más. Si no existe en el mercado la plantilla que necesita, la puede hacer con un equipo básico de dibujo técnico (compases, transportador y escuadra).

En el patchwork inglés se utiliza cualquier forma o combinación de formas que encaje sin dejar huecos (mosaico). Nunca se insistirá bastante en la necesidad de hacer las plantillas con precisión. Utilice un lápiz afilado (2H) para trazar las líneas. Con la ayuda de una cuchilla con mango y una regla de metal, corte la plantilla en un cartón rígido, pero no grueso.

PLANTILLAS DE VENTANA

Permiten encuadrar una parte de la tela que vamos a utilizar para centrar un motivo. Dibuje en una cartulina la forma y el tamaño final que desee dar al retal. A continuación, trace una segunda línea alrededor de la primera, dejando un espacio de 6 mm de separación en todo el contorno. Corte por la línea exterior y recorte la figura central. Le servirá para marcar la línea de corte del retal siguiendo el borde exterior y la línea de costura siguiendo el borde interior.

PLANTILLAS DE PATCHWORK AMERICANO

Para diseñar un tipo de acolchado en el que se repita una figura o bloque de patchwork necesita saber dibujar y cortar plantillas. Eso le permitirá adaptar libremente los diseños de bloques tradicionales, cambiar el tamaño, añadir un ribete o combinar las formas de distintos modelos de edredones. Lo primero que debe hacer es decidir el ta-

PLANTILLAS DE VENTANA

Centrado de un motivo con la ayuda de una plantilla de ventana.

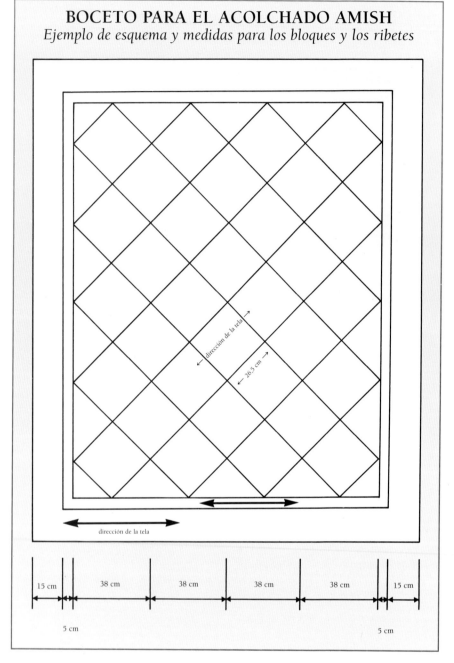

BOCETO PARA EL ACOLCHADO AMISH
Ejemplo de esquema y medidas para los bloques y los ribetes

dirección de la tela

26,5 cm

dirección de la tela

15 cm · 38 cm · 38 cm · 38 cm · 38 cm · 15 cm

5 cm · 5 cm

que de patchwork. En este caso es de 3 x 3 –el bloque llamado de nueve piezas–, por lo que debe ser dividido en nueve cuadrados de 9 cm de lado. Dibuje el bloque a tamaño natural en un papel cuadriculado y compruebe cuáles son las distintas formas que necesita para construir el bloque. En este caso son tres: un triángulo, un cuadrado y un rectángulo. Recórtelas con cuidado del dibujo a tamaño natural, utilizando tijeras de papel o una cuchilla, y péguelas en una cartulina con el derecho hacia arriba. Si desea coser a mano el patchwork americano, corte la cartulina cuidadosamente a ras del borde del papel cuadriculado.

Para el patchwork americano cosido a máquina debe añadirse un margen de 6 mm antes de recortar las plantillas. Marque la línea del margen de costura alrededor del perímetro de cada una de las formas ayudándose con la regla especial para patchwork. Presionando la regla contra la forma pegada en la cartulina, trace una línea que deje exactamente 6 mm de margen para coser. A continuación, recórtela cuidadosamente y anote en cada plantilla el nombre y el tamaño del bloque («rueda de mantequera», 26,5 cm). Guárdelas todas juntas en un sobre, junto con un pequeño boceto del bloque en papel cuadriculado, como referencia.

CÓMO CALCULAR LA TELA PARA EL PATCHWORK

Para calcular la cantidad de tela necesaria en una labor concreta, anote las veces que va a utilizar cada plantilla en cada una de las distintas telas, sin olvidar añadir los márgenes para coser si no los ha marcado previamente en las plantillas. Divida el número de piezas que necesita recortar de cada tela entre el número de veces que el ancho de la plantilla cabe en el ancho de la tela y multiplíquelo por el largo de la plantilla. Redondee hacia arriba la medida resultante.

A veces, resulta muy útil dibujar un boceto de la tela donde puede ir anotando las medidas y dibujando las formas. Observe el boceto de la tela lisa necesaria para el edredón de «molinillos». Si compra un poco más de tela cada vez que empiece una labor, con toda seguridad tendrá pronto una buena colección donde elegir para el próximo proyecto a base de retales.

maño final de la labor, ya que afectará al de los distintos bloques que utilicemos.

Haga un boceto de la labor y tome nota de las medidas que debe tener cada una de las partes que la componen –por ejemplo, bloques y ribetes– para que el dibujo encaje en las medidas deseadas. La técnica para esbozar dibujos y cortar plantillas se explica tomando como ejemplo el bloque llamado «rueda de mantequera», que puede utilizarse para cualquier bloque geométrico.

La labor acabada tendrá 175 cm x 212 cm. Para encajar en esas medidas, los bloques deben medir 38 cm en diagonal; la franja más estrecha tiene que medir 5 cm de ancho y el ribete exterior, 12,5 cm. Cualquiera de estas medidas puede modificarse para que se ajuste al tamaño final deseado. Una vez decididas las medidas de cada parte, calcule el tamaño del bloque, que en este caso tendrá 26,5 cm de lado para que la diagonal sea de 38 cm. A continuación, construya la rejilla interior del blo-

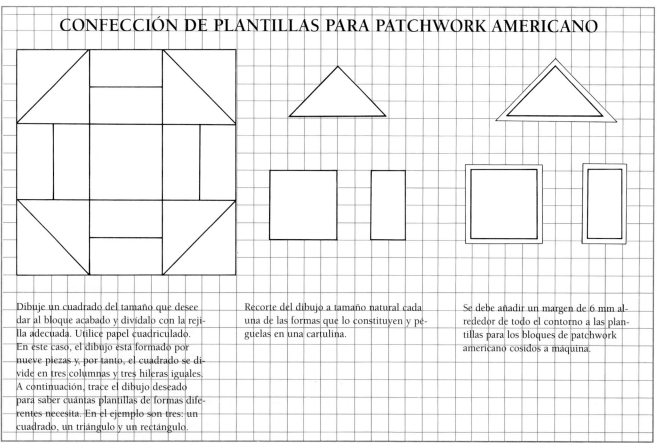

CONFECCIÓN DE PLANTILLAS PARA PATCHWORK AMERICANO

Dibuje un cuadrado del tamaño que desee dar al bloque acabado y divídalo con la rejilla adecuada. Utilice papel cuadriculado. En este caso, el dibujo está formado por nueve piezas y, por tanto, el cuadrado se divide en tres columnas y tres hileras iguales. A continuación, trace el dibujo deseado para saber cuántas plantillas de formas diferentes necesita. En el ejemplo son tres: un cuadrado, un triángulo y un rectángulo.

Recorte del dibujo a tamaño natural cada una de las formas que lo constituyen y péguelas en una cartulina.

Se debe añadir un margen de 6 mm alrededor de todo el contorno a las plantillas para los bloques de patchwork americano cosidos a máquina.

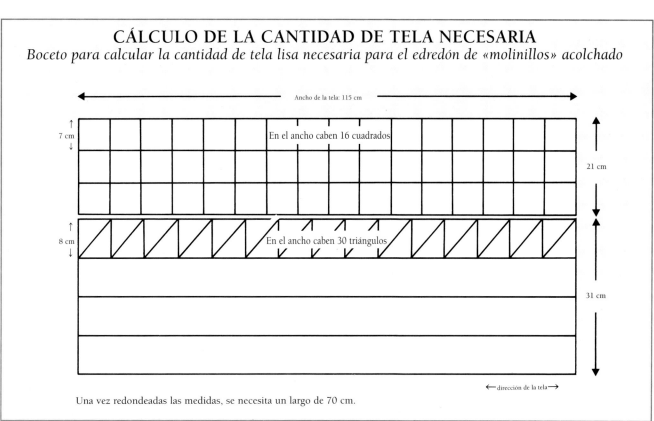

CÁLCULO DE LA CANTIDAD DE TELA NECESARIA
Boceto para calcular la cantidad de tela lisa necesaria para el edredón de «molinillos» acolchado

Ancho de la tela: 115 cm

7 cm

En el ancho caben 16 cuadrados

21 cm

8 cm

En el ancho caben 30 triángulos

31 cm

← dirección de la tela →

Una vez redondeadas las medidas, se necesita un largo de 70 cm.

PATCHWORK INGLÉS

← dirección de la tela →

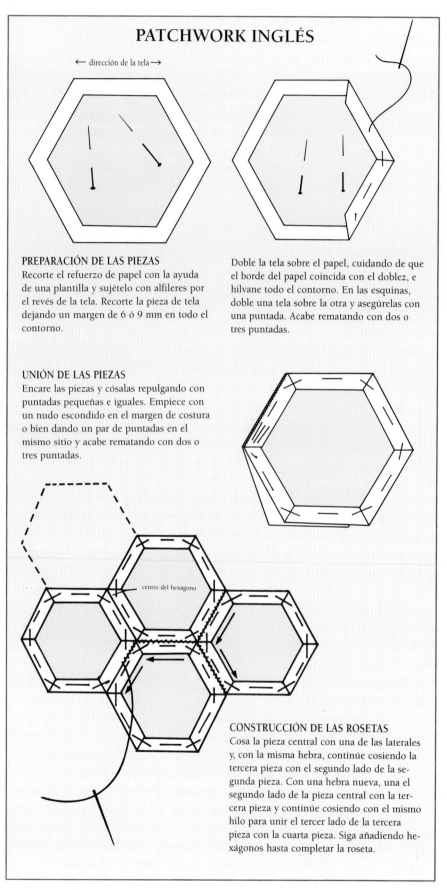

PREPARACIÓN DE LAS PIEZAS

Recorte el refuerzo de papel con la ayuda de una plantilla y sujételo con alfileres por el revés de la tela. Recorte la pieza de tela dejando un margen de 6 ó 9 mm en todo el contorno.

UNIÓN DE LAS PIEZAS

Encare las piezas y cósalas repulgando con puntadas pequeñas e iguales. Empiece con un nudo escondido en el margen de costura o bien dando un par de puntadas en el mismo sitio y acabe rematando con dos o tres puntadas.

Doble la tela sobre el papel, cuidando de que el borde del papel coincida con el doblez, e hilvane todo el contorno. En las esquinas, doble una tela sobre la otra y asegúrelas con una puntada. Acabe rematando con dos o tres puntadas.

centro del hexágono

CONSTRUCCIÓN DE LAS ROSETAS

Cosa la pieza central con una de las laterales y, con la misma hebra, continúe cosiendo la tercera pieza con el segundo lado de la segunda pieza. Con una hebra nueva, una el segundo lado de la pieza central con la tercera pieza y continúe cosiendo con el mismo hilo para unir el tercer lado de la tercera pieza con la cuarta pieza. Siga añadiendo hexágonos hasta completar la roseta.

PREPARACIÓN Y COSIDO DE LAS PIEZAS - MÉTODO INGLÉS

Con una plantilla y un lápiz duro (2H), dibuje y recorte la forma necesaria en papel fuerte. Corte cada papel de refuerzo por separado; si recorta varios a la vez es probable que se deformen los ángulos y luego encuentre problemas a la hora de encajar las piezas. Es un detalle, pero podría arruinar toda la labor. Sujete con alfileres el papel sobre el revés de la tela y recorte la pieza dejando un margen para la costura de aproximadamente 6 mm en todo el contorno. La dirección de la tela, es decir, la dirección en la que corren los hilos debe ser la misma en toda la pieza de patchwork. Esta norma ha de tenerse en cuenta a la hora de colocar el refuerzo sobre la tela. No obstante, si desea que la tela forme algún dibujo especial, por ejemplo, que las rayas describan un círculo, puede hacer caso omiso de la indicación anterior. Doble el margen sobre el papel, hilvánelo en esa posición alrededor de toda la figura y remate con un par de puntadas. Si utiliza un hilo de un color que contraste con la tela, luego le será más fácil retirar el hilván y el papel.

Planche las piezas para marcar bien las líneas y encárelas haciendo coincidir los bordes que va a coser. Una las piezas repulgando con un hilo que haga juego con la tela. Si tiene dudas elija el tono más oscuro y, cuando vaya a coser una pieza oscura con una clara, utilice un hilo oscuro. Empiece a coser haciendo un nudo y escondiéndolo en el margen o bien dando dos o tres puntadas en el mismo lugar, y acabe con un remate fuerte. Evite pinchar el papel al dar las puntadas; de esa forma, cuando haya unido la pieza a todas las de alrededor, podrá retirar el papel de refuerzo y reutilizarlo cuantas veces quiera en otras piezas.

Cuando cosa rosetas hexagonales, empiece uniendo el hexágono central con uno de los hexágonos laterales. Elija el tercer hexágono y únalo al segundo utilizando la misma hebra de hilo. Con una hebra nueva, cosa el segundo lado del hexágono central con el tercer hexágono y doble la esquina sin cambiar de hebra para unir el cuarto hexágono. Continúe cosiendo de este modo hasta completar la roseta. Asegúrese de que la costura llega hasta la esquina, pues de otro modo quedarían rendijas.

FORMAS DE DIAMANTES
Patchwork inglés

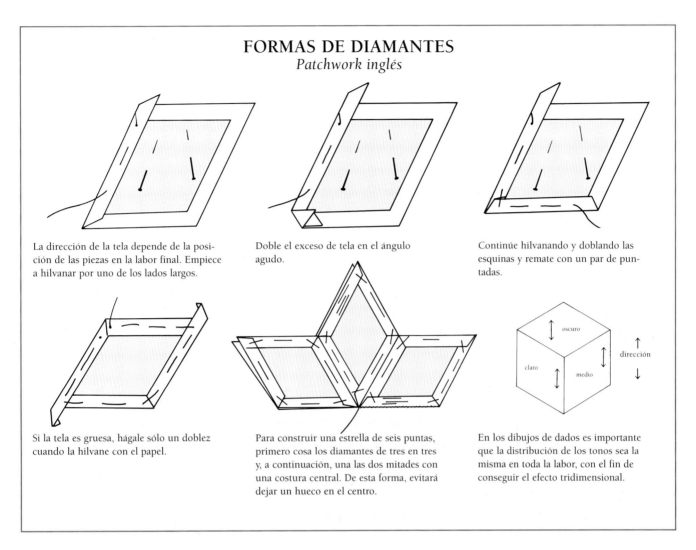

La dirección de la tela depende de la posición de las piezas en la labor final. Empiece a hilvanar por uno de los lados largos.

Doble el exceso de tela en el ángulo agudo.

Continúe hilvanando y doblando las esquinas y remate con un par de puntadas.

Si la tela es gruesa, hágale sólo un doblez cuando la hilvane con el papel.

Para construir una estrella de seis puntas, primero cosa los diamantes de tres en tres y, a continuación, una las dos mitades con una costura central. De esta forma, evitará dejar un hueco en el centro.

En los dibujos de dados es importante que la distribución de los tonos sea la misma en toda la labor, con el fin de conseguir el efecto tridimensional.

DIAMANTES - MÉTODO INGLÉS

Los ángulos agudos de las piezas en forma de diamante dificultan la operación de hilvanar la tela con el papel. Sujete el papel sobre el revés de la tela y recorte la pieza dejando un margen de 6 mm en todo el contorno, igual que en los hexágonos. Cuando llegue al ángulo agudo, doble la tela dos veces, con cuidado de no doblar el papel al hacer el primer pliegue. De este modo, el exceso de tela queda en el revés y es más fácil unir las piezas. Si utiliza una tela gruesa, dóblela sólo una vez y deje una pequeña solapa en el ángulo agudo. Cuando una las piezas, al llegar a dicha solapa deberá doblarla hacia atrás para seguir cosiendo.

La estrella de seis puntas con diamantes se construye cosiendo primero los diamantes de tres en tres. Luego, se colocan las dos mitades de la estrella juntas y se unen con una costura central. De esta manera, se evita que en el lugar donde se encuentran todas las puntas quede un hueco.

Los dados, compuestos por tres diamantes, son bastante simples. El único problema reside en asegurarse de que las costuras lleguen hasta la misma esquina, para que no quede ninguna rendija que debilite la estructura.

Si construye un motivo de patchwork inglés para aplicarlo sobre un fondo (un motivo de lirios, por ejemplo), cuando acabe de montarlo, planche el patchwork con una plancha de vapor, o bajo una tela húmeda, y luego retire los papeles con mucho cuidado. De este modo, se consigue que el doblez de los bordes exteriores quede perfectamente marcado. Hilvane el dobladillo del contorno antes de colocarlo sobre el fondo. A continuación, sujételo con alfileres e hilvánelo, con cuidado de que quede bien liso sobre el fondo. Cóselo a mano o a máquina y retire todas las puntadas del hilván.

ACABADO DEL PATCHWORK INGLÉS

Por lo general, las formas utilizadas en el patchwork inglés no forman lados rectos en el contorno de la labor, pero hay varias maneras de resolver este problema.

En primer lugar explicaremos el método más común. Una vez acabado el patchwork, se planchan los bordes y se retira cuidadosamente el refuerzo de papel. Se traza una línea recta a lo largo de los lados del patchwork, a la distancia a la que deseemos añadir el ribete o cenefa. Por último, se corta el patchwork por dicha línea y ya se le puede añadir el ribete, recto o en inglete, tal como se describe en el apartado de «ribetes» (véase más abajo).

Otro método no tan conocido consiste en aplicar el contorno del patchwork sobre un ribete de esquinas rectas. En primer lugar, se cortan dos tiras para el ribete de los lados cortos. Hay que procurar que sean lo suficiente-

MÉTODOS DE ACABADO DEL PATCHWORK INGLÉS

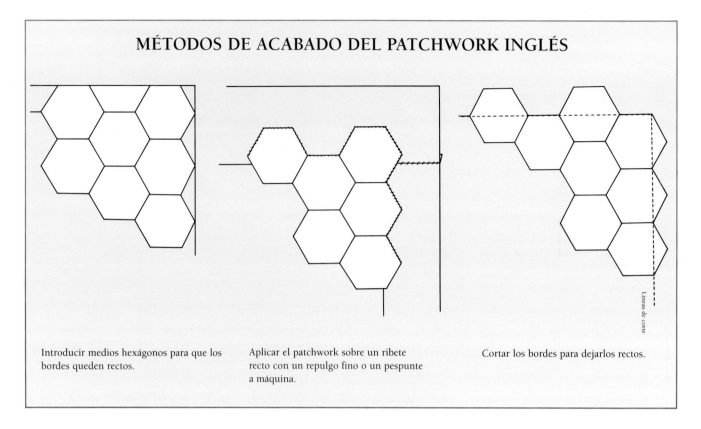

Introducir medios hexágonos para que los bordes queden rectos.

Aplicar el patchwork sobre un ribete recto con un repulgo fino o un pespunte a máquina.

Cortar los bordes para dejarlos rectos.

Líneas de corte

mente anchas para que el ribete del forro sea igual de ancho y lo bastante largas para dar cabida en los extremos al ribete de los lados largos, que se añadirá a continuación. Doble el borde del largo que debe ir bajo el patchwork hacia el revés de la tela de forma que quede un margen de 6 mm. Sujételo con alfileres y cóselo al patchwork a mano o a máquina. Luego, corte las tiras para el ribete de los lados largos del mismo ancho que las anteriores y lo bastante largas para que se solapen con los ribetes de los lados cortos. Sujételo con alfileres y cóselo. Coloque los dobladillos de las tiras cortas sobre los extremos de las tiras largas (véase el dibujo explicativo).

También se pueden hacer papeles de refuerzo que sean la mitad de un hexágono y construir piezas para rellenar los huecos. Los papeles se forran igual que si fueran hexágonos completos y se encajan y cosen en los huecos de forma que el contorno quede recto. En este tipo de acabado, los bordes se doblan hacia dentro. Deben plancharse bien antes de retirar los papeles para que la línea quede perfectamente marcada. Por último, se cosen los lados rectos sobre el ribete igual que en el método anterior.

PREPARACION Y COSIDO DE LAS PIEZAS - MÉTODO AMERICANO

Cosido a mano

Cuando construya los bloques de patchwork americano, asegúrese de que los hilos de la tela corran paralelos a los lados rectos del bloque. Trace una línea recta en cada plantilla para saber en qué posición debe colocarla sobre la tela. Ponga la plantilla sobre el revés de la tela. Recuerde que las plantillas asimétricas, como los diamantes, deben colocarse del revés, ya que de otro modo cortaría la pieza orientada en la dirección opuesta. Trace una línea siguiendo el contorno de la plantilla con un jaboncillo. Deje suficiente espacio entre las distintas piezas para el margen de costura. Puesto que la línea trazada es la guía de la costura, debe dejarse un margen de 6 mm alrededor de todo el contorno. Se puede marcar la línea de corte en la tela o bien calcular el margen a ojo. Una vez cortadas todas las piezas del bloque, se colocan sobre una superficie plana en la posición correcta.

Orden de montaje

Las dos normas básicas son: empezar por las piezas más pequeñas y hacer costuras rectas siempre que sea posible.

En el bloque «rueda de mantequera», por ejemplo, se empieza uniendo los triángulos y los rectángulos para formar cuadrados, se unen los cuadrados en tiras y, por último, se cosen las tres tiras juntas. Sin embargo, para coser un bloque en el que sea necesario encajar una pieza en un ángulo, se sujetan con alfileres los dos bordes que se vayan a coser primero (los que forman el ángulo) y se cosen hasta la línea del margen (no hasta el final de la tela). A continuación, se cose la tercera pieza en un lado del ángulo hasta llegar a la esquina, se gira la tela y se sigue cosiendo la segunda parte de la costura.

Costuras

Encare las piezas y sujételas con alfileres, de forma que coincidan las líneas de costura. Para unirlos a mano, cóselos con una bastilla que pase sobre la línea de costura. Encare las piezas que vaya a coser y haga coincidir las líneas sujetándolas con alfileres. La costura debe empezar y acabar en la línea dibujada (no en los extremos de la tela) y siempre ha de empezarse con un nudo o varias puntadas en el mismo lugar y acabar con un remate fuerte que evite que se deshaga. Para evitar que se formen nudos en el hilo, puede aplicar

ORDEN DE MONTAJE DE LOS BLOQUES AMERICANOS

Coloque las piezas del bloque en la posición correcta.

Cosa las piezas para formar cuadrados.

← dirección de la tela →

Cosa los cuadrados en tiras.

Cosa las tiras para formar un bloque.

MONTAJE
Encaje de una pieza en un ángulo

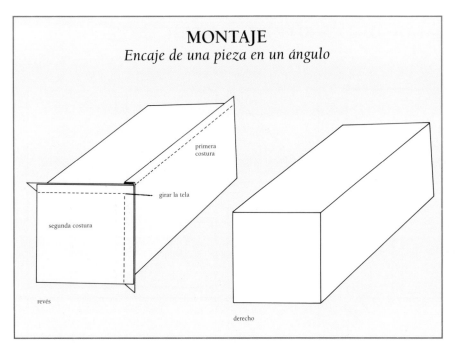

primera
costura

girar la tela

segunda costura

revés

derecho

PATCHWORK AMERICANO COSIDO A MANO

Empiece y termine la costura a la altura de la línea marcada.

Planche todas las costuras hacia un lado, si es posible hacia el más oscuro.

PATCHWORK AMERICANO COSIDO A MÁQUINA

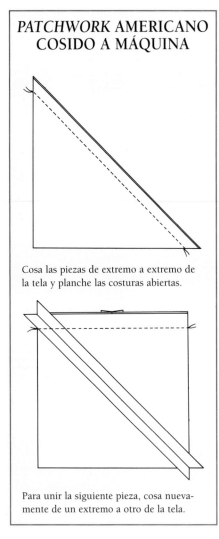

Cosa las piezas de extremo a extremo de la tela y planche las costuras abiertas.

Para unir la siguiente pieza, cosa nuevamente de un extremo a otro de la tela.

cera. Las costuras se planchan hacia el lado más oscuro, siempre que se pueda. De este modo, con el acolchado posterior se refuerzan las costuras y se evita que éstas se abran.

COSIDO A MÁQUINA

A las piezas cortadas con plantilla para coserlas a máquina se les añade desde el principio el margen para la costura. El orden de montaje sigue las mismas reglas que en el patchwork cosido a mano: coser primero las piezas más pequeñas y hacer costuras rectas siempre que se pueda. Las costuras hechas a máquina quedan más fuertes y pueden plancharse abiertas. Encare las piezas y haga coincidir el borde con el extremo lateral del pie prensatelas de la máquina; la mayoría de las máquinas de coser dejan un margen de 6 mm si se utilizan de este modo. Si la suya no funciona así, haga correr el pie por una línea paralela al borde, de forma que la aguja pase a 6 mm de éste. Puede ser útil marcar la línea con cinta adhesiva para guiarse.

MONTAJE DE PIEZAS CON ÁNGULOS

Para unir piezas que tengan ángulos distintos del ángulo recto (diamantes o triángulos), deben hacerse coincidir las líneas de costura y no los bordes. Así, cuando las piezas se abran formarán una línea recta.

CÓMO HACER COINCIDIR LAS PUNTAS

En algunos bloques, hay un punto en que se encuentran cuatro o más telas diferentes. Para que coincidan exactamente, coloque un alfiler en el punto exacto en el que han de encontrarse, de manera que forme ángulo recto con la línea de la costura. A continuación, cosa hasta el alfiler, sáquelo cuidadosamente y cosa por encima del punto exacto.

APLICACIÓN

Esta técnica consiste en cortar piezas de tela y coserlas sobre un fondo. Primero, se utilizó para reparar prendas de vestir o colchas que tuvieran zonas gastadas, o bien para alargar piezas de tela caras. Se usaban motivos distintos (por ejemplo, figuras de fauna y flora), que se cortaban y cosían para elaborar intrincados diseños. A veces se optaba por un dibujo grande, como un árbol de la vida, y otras, por repetir bloques similares, como en los ajuares de Baltimore.

MONTAJE DE PIEZAS EN ÁNGULO

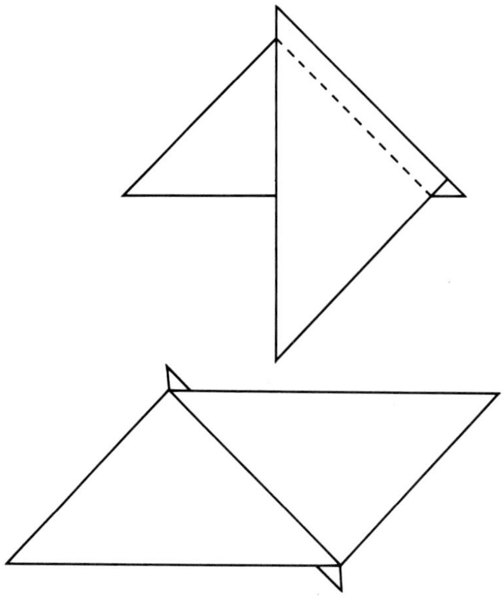

Unión de triángulos.

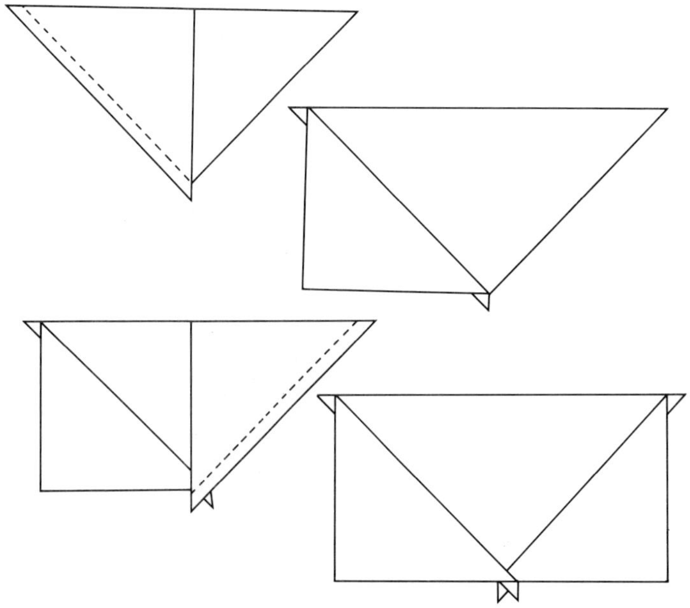

Construcción de un rectángulo con tres triángulos.

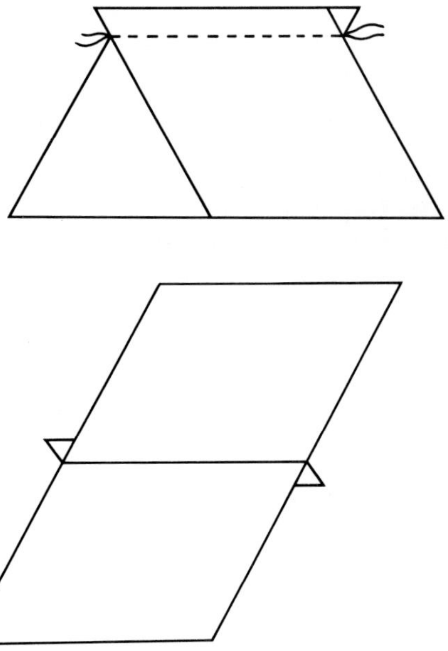

revés

derecho

Unión de diamantes.

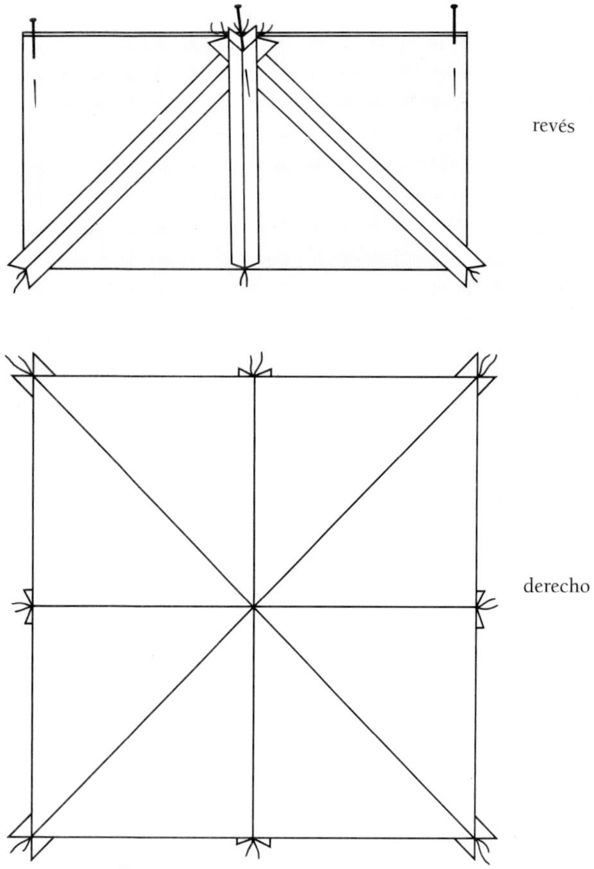

Encaje perfecto de las esquinas.

IZQUIERDA El "lirio de Carolina" combina la técnica de aplicación y la de yuxtaposición

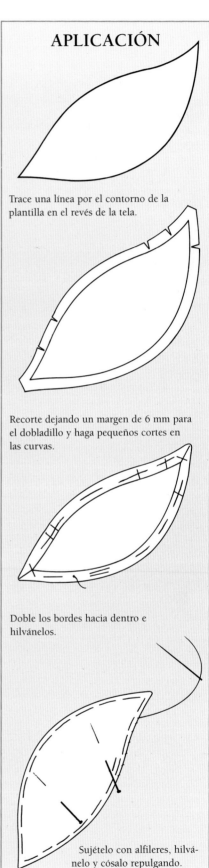

APLICACIÓN

Trace una línea por el contorno de la plantilla en el revés de la tela.

Recorte dejando un margen de 6 mm para el dobladillo y haga pequeños cortes en las curvas.

Doble los bordes hacia dentro e hilvánelos.

Sujételo con alfileres, hilvánelo y cósalo repulgando.

Pueden utilizarse formas curvas y construir dibujos más pictóricos que el patchwork yuxtapuesto, que se caracteriza por los diseños geométricos y las costuras rectas. Las dos técnicas, la de aplicación y la de yuxtaposición, se combinan en algunos diseños, como la «cesta de flores» y el «lirio de Carolina».

Las plantillas para la técnica de aplicación son del mismo tamaño de la pieza final. El margen de costura, o dobladillo, se añade al cortar la tela. Las plantillas se pueden dibujar a mano alzada, calcarlas o hacerlas doblando papel para marcar las líneas de corte. Se colocan boca abajo sobre el revés de la tela, se traza una línea alrededor del contorno con un jaboncillo y se recorta dejando un margen de 6 mm para el dobladillo. Los bordes de la tela deben doblarse hacia dentro antes de sujetarla con alfileres para coserla sobre el fondo.

En las curvas cóncavas y en las más pronunciadas es conveniente hacer pequeños cortes para que sea más fácil remeter la tela sobrante. Los cortes deben llegar hasta la línea del dibujo sin sobrepasarla. Doble los bordes y plánchelos.

A continuación, coloque la pieza sobre el fondo, sujétela con alfileres e hilvánela si es necesario. Luego, cósala repulgando con un hilo a juego con la pieza. Cuando se utilizan varias piezas para construir un dibujo, a veces el borde de una de ellas se solapa sobre el de otra. En ese caso, no es necesario remeter los bordes de la pieza inferior. Una vez que todas las piezas estén cosidas sobre el fondo, con unas tijeras afiladas recorte la tela del fondo que ha quedado cubierta por las piezas aplicadas, a 6 mm de la costura, y, de este modo, reducirá el grueso de tela y facilitará el acolchado.

RIBETES

Si el diseño de la labor incluye un ribete, debe integrarse en el conjunto y no ser un añadido para conseguir el tamaño deseado. En los ribetes lisos se puede incluir un elaborado dibujo de líneas de acolchado o pueden utilizarse para contener y realzar el patchwork. Los ribetes de patchwork deben combinar con los bloques interiores. Intente utilizar medidas que sean múltiplos de las que haya utilizado en el resto de las

RIBETES

Ribete de sierra doble

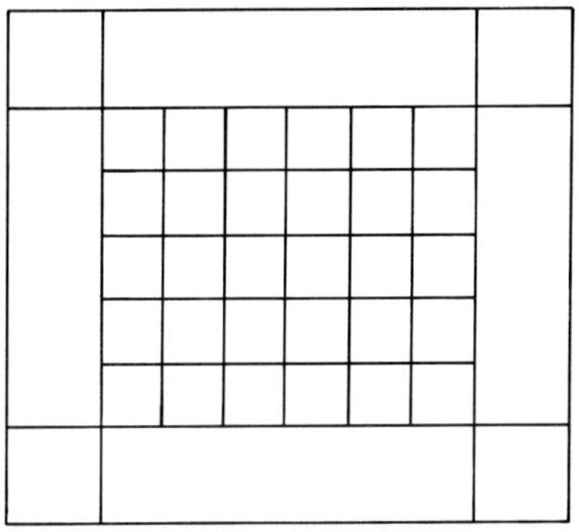

Esquinas cuadradas

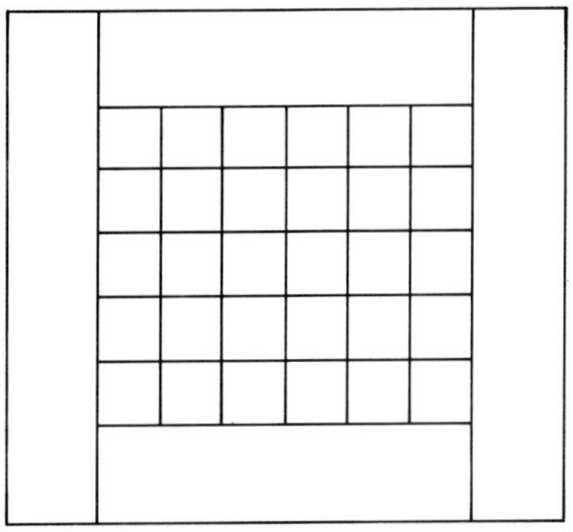

Ribetes rectos

«Gansos volando» alrededor de un bloque de estrellas. Obsérvese la solución de la esquina.

piezas. Busque elementos de los bloques que puedan repetirse después en los ribetes.

RIBETES RECTOS

Corte dos tiras de la misma longitud que los lados largos del patchwork y del ancho deseado y añada un margen de 6 mm para coserlas. Cósalas a los lados. A continuación, corte dos tiras más del largo de los lados cortos del patchwork más el ancho de las dos tiras laterales y cósalas en la parte superior e inferior.

RIBETES CON ESQUINAS CUADRADAS

Este es un tipo de ribete sencillo y efectivo para el que sólo tiene que seguir los pasos siguientes. Corte dos tiras de la misma longitud que los lados cortos y

dos de la misma que los lados largos, del ancho deseado más el margen de 6 mm para las costuras.

Corte cuatro cuadrados que midan de lado lo mismo que el ancho del ribete. Cosa dos tiras a los lados del patchwork. Añada los cuadrados a los extremos de las otras dos tiras y cósalas en la parte superior e inferior, asegurándose de que las esquinas coinciden.

ESQUINAS EN INGLETE

Para hacer las esquinas en inglete, proceda del modo siguiente. Corte primero las tiras del ancho deseado. Tenga en cuenta que el largo de cada tira debe ser igual a la longitud del lado del patchwork más un margen generoso que permita acoger el ancho de la otra tira, con el que podrá construir los ingletes deseados.

Cosa los ribetes al patchwork encarando los derechos y remate las costuras donde empieza el margen para las esquinas. Ponga la labor boca abajo sobre una superficie plana y doble un ribete sobre el otro. Trace una línea recta desde la esquina interior, de manera que forme un ángulo de 45° con el ribete. Ponga el ribete inferior sobre el superior y repita la operación. Encare los ribetes haciendo coincidir las líneas y cósalas de dentro hacia fuera.

Antes de cortar la tela sobrante, no olvide abrir la costura y plancharla para asegurarse de que ha quedado totalmente lisa.

ESQUINAS EN INGLETE

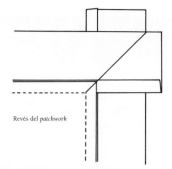

Revés del *patchwork*

Trace una línea recta desde la esquina interior, con un ángulo de 45°.

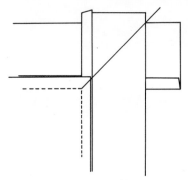

Cambie la posición de los ribetes y repita la operación.

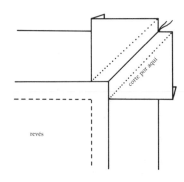

corte por aquí

revés

Cosa los ribetes por la línea y planche la costura abierta. Corte la tela sobrante.

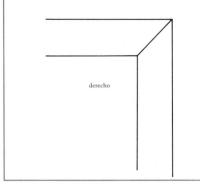

derecho

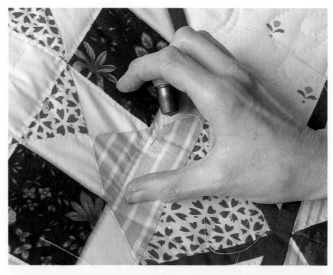

PREPARACION DEL ACOLCHADO

Una vez terminado el montaje de las piezas, planche bien el patchwork. No es recomendable plancharlo cuando ya está unido a la guata y al forro, ya que el relleno pierde volumen. Si el patchwork es más ancho que las telas que normalmente se encuentran en el mercado, es necesario unir varias piezas. Tanto el relleno como el forro deben ser 10 cm más grandes que el patchwork en todo el contorno. Para unir piezas de guata, junte los bordes y cósalos con punto de escapulario con el fin de evitar que se formen ondas. Recorte los orillos de la tela, si los tiene, antes de unir las piezas para conseguir el tamaño necesario del forro. Ponga éste último boca abajo sobre una superficie plana y, si es posible, sujételo con cinta adhesiva. Coloque la guata encima y alísela. A continuación, cúbrala con el patchwork, con cuidado de no estirar demasiado para no deformarlo. Sujete las tres capas con alfileres, alise cualquier arruga que aparezca y lleve el exceso de tela hacia los bordes. Cosa una rejilla de hilvanes, con una separación entre ellos de unos 10-15 cm.

ACOLCHADO

Hay distintos métodos para sujetar las tres capas del acolchado.

ACOLCHADO DE NUDOS

Para una labor de acolchado con un relleno muy grueso, por ejemplo, guata de

120 g/m² o 180 g/m², o como método rápido, el acolchado de nudos es ideal. Utilice un hilo de fibras naturales y fuertes, por ejemplo, hilo de algodón para bordar o hacer ganchillo. Atraviese las tres capas con la aguja dejando atrás un trozo de hilo lo bastante largo como para hacer un nudo (unos 13 cm). Pase de nuevo la aguja hacia arriba por un punto cercano y ate los extremos del hilo con un nudo de rizo no demasiado apretado, ya que podría provocar que se desgarrara la tela. Corte el hilo sobrante o escóndalo dentro del acolchado. Haga nudos a intervalos regulares en toda la labor, a una distancia aproximada de unos 10-15 cm. Los nudos pueden utilizarse como decoración, por sí mismos o combinados con botones, cuentas o borlitas de pasamanería.

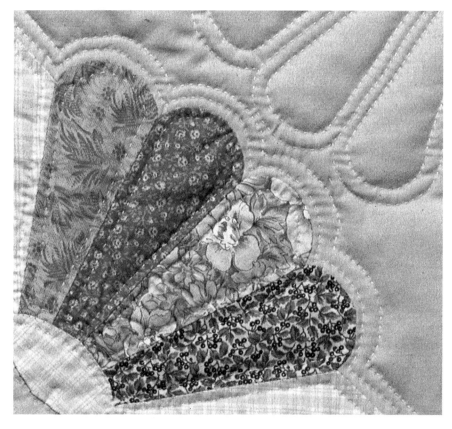

ACOLCHADO A MANO

El acolchado a mano se hace con bastillas finas que cogen las tres capas. En las antiguas labores de acolchado era necesario hacer una tupida red de bastillas para evitar que el relleno de lana o algodón se apelotonara en un lado, pero con las guatas engomadas actuales se puede hacer la cantidad de bastillas que se desee. Sin embargo, los acolchados tupidos siguen siendo admirados por el realce que proporcionan a la superficie.

Para acolchar a mano, corte una hebra larga de hilo de acolchar (de unos 40 cm) y pásela por cera de abeja para reforzarla y evitar que se hagan nudos. Haga un nudo pequeño y empiece a coser del forro hacia arriba. Estire el hilo para que el nudo traspase el forro. No importa tanto el tamaño de las puntadas como el hecho de que sean todas iguales. Se puede acolchar sobre el regazo o utilizar un bastidor, redondo o cuadrado. Éstos últimos son muy grandes y caros. En general, sólo los expertos disponen de ellos. Para los principiantes son más accesibles los redondos, similares a los de bordar, pero más grandes, de unos 60 cm de diámetro. Pueden montarse sobre un caballete o apoyarse sobre la mesa, de manera que las dos manos queden libres. Es preferible que la labor no esté demasiado estirada en el bastidor. La aguja se empuja desde la parte superior con el dedal del dedo corazón. La otra mano se coloca debajo de la labor para guiar la aguja hacia arriba. Los expertos utilizan un dedal con la cabeza plana para empujar la aguja en el ángulo correcto y asegurarse de que todas las puntadas atraviesan las tres capas. Dé tres o cuatro puntadas a la vez, empujando la aguja con un movimiento de vaivén. Mantenga el pulgar presionando la tela un poco por delante de la línea de costura. Finalmente, haga un nudo cerca de la última puntada y estire para que traspase la capa superior. Saque la aguja y corte el hilo al borde.

DIBUJOS DE ACOLCHADO

Acolchado de contornos. Este sencillo método tradicional repite las formas de las piezas del patchwork, que se realzan con una bastilla a 1 cm de distancia de las costuras. Puede marcarse la línea del dibujo con una cinta adhesiva estrecha o bien con un lápiz de jaboncillo. Haga una prueba con un retal para asegurarse de que las marcas desaparecen al lavarlo.

Estarcido. Los dibujos de acolchado son todo un arte en sí mismos. En las antiguas labores de acolchado se marcaban complicados motivos en la tela con la técnica de estarcido, o a mano alzada si el aficionado era un artista. Las hojas, los tulipanes y las cenefas de todo tipo eran muy populares y, junto con los «rellenos» geométricos, formaban bajorrelieves muy decorativos. En las mercerías y otros comercios especializados se venden plantillas de estarcido que pueden utilizarse para marcar el dibujo del acolchado. Es necesario marcar la tela del derecho del acolchado antes de unirla a las otras dos.

ACOLCHADO A MÁQUINA

Si desea acolchar a máquina, hay varias cuestiones que debe tener en cuenta. El hilvanado debe hacerse tan cuidadosamente como para el acolchado a mano. Escoja un dibujo compuesto de líneas rectas que, en la medida de lo posible, no se crucen entre ellas. Girar una labor de acolchado grande en la máquina de coser entraña cierta dificultad, por lo que en ocasiones es conveniente acolchar las piezas grandes en dos piezas y unirlas después. Una vez finalizado el proceso de acolchado, encare las dos mitades y haga una costura que coja todas las capas, cuidando de hacer coincidir el dibujo. Corte y retire la guata que sobresalga para reducir el grosor y disimule la costura con una cinta estrecha de ribete al bies, que haga juego con la tela del forro. La cinta se sujeta con alfileres y se cose repulgando a ambos lados de la costura.

Algunos modelos de máquina de coser admiten la colocación de un pie prensatelas móvil, que facilita en gran medida el acolchado. Puede empujar las tres telas a la vez en lugar de hacer avanzar sólo la de arriba, como el pie normal, lo que a veces provoca que se formen pequeños pliegues. Es preferible mantener el grueso de la labor enrollado y sujeto a la mesa de la máquina de coser mientras se trabaja en zonas reducidas. Marque las líneas de acolchado con un jaboncillo e intente que el color del hilo haga juego con el de la tela. El acolchado a máquina puede esconderse en las costuras de las piezas; para ello, empuje la tela hacia abajo a medida que avanza para abrir la costura, de manera que la aguja pase por el centro.

Se puede empezar y acabar dando varias puntadas en el mismo sitio y cortando los hilos, o bien pasar hacia atrás todos los hilos y esconderlos entre las telas.

HILO PARA ACOLCHAR A MÁQUINA

Utilice el tipo de hilo que usa normalmente en su máquina e intente que, en la medida de lo posible, haga juego con el de la tela. Otra posibilidad es utilizar hilo invisible en la parte superior, junto con un hilo del color del forro en la canilla. La longitud de las puntadas debe ser un poco mayor (2,5 mm) que en las costuras normales.

Si dispone de una máquina que cosa bordados, haga pruebas con ella para

ARRIBA Hilos para acolchar a máquina
~

RIBETEADO RECTO

Corte una tira de 6 cm de ancho y del largo del contorno de la labor.

Dóblela por la mitad a lo largo y plánchela.

Derecho de la labor

Sujete con alfileres e hilvane los lados cortados sobre el derecho de la labor. Cósalo a 6 mm del borde.

Doble el otro extremo hacia el forro y cósalo.

realzar el acolchado. Un cordoncillo hecho con un hilo de varios colores es una acertada manera de realzar los bloques centrales en «las cabañas de troncos» con ventanas, por ejemplo.

ACABADO

Una vez realizado el acolchado, los bordes de la labor deben rematarse. Una forma de hacerlo es doblarlos hacia dentro, hilvanarlos con el forro y coserlos con un pespunte, aunque también se puede colocar un ribete que una los bordes y el relleno.

RIBETEADO RECTO

Si se dobla el ribete antes de coserlo al borde de la labor, puede servir para alojar todos los bordes cortados y el forro,

de forma que resulte más fácil de coser con un sencillo repulgo. Gracias a este método, el ancho del ribete queda uniforme y el acabado de la labor parece más profesional. Para los lados, corte dos tiras de tela siguiendo la dirección del tejido, de 6 cm de ancho y del largo deseado. Dóblelas por la mitad en toda su longitud y planche el doblez. Hecho esto, en un lado le quedarán los dos bordes cortados y en el otro, el doblez. Coloque el lado con los bordes cortados sobre la labor, de manera que todas las telas queden alineadas. Sujételo con alfileres, hilvánelo y cóselo cogiendo las dos telas del ribete y las tres de la labor con un pespunte que pase a 6 mm del borde. Doble el ribete sobre los bordes cortados de las telas y cosa el lado del doblez al forro. Repita toda la operación

ESQUINAS

Deje que el extremo del ribete sobresalga 1,5 cm.

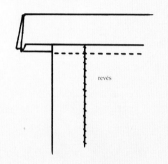

Dóblelo hacia arriba y plánchelo.

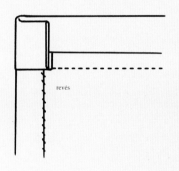

Doble el extremo hacia dentro y plánchelo.

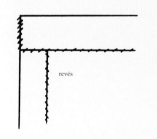

Doble el ribete hacia abajo, sobre el forro de la labor, y cósalo.

RIBETEADO AL BIES

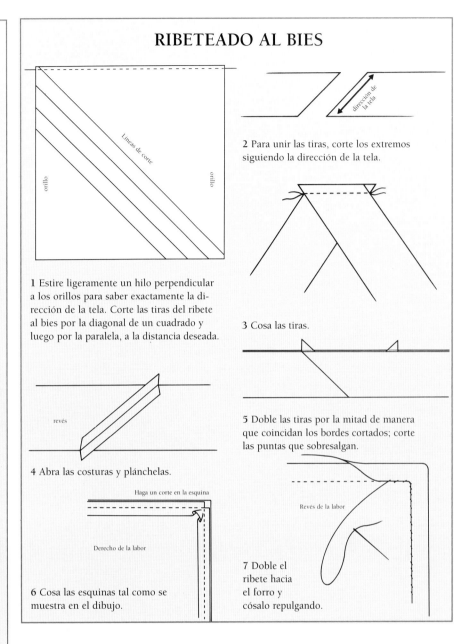

1 Estire ligeramente un hilo perpendicular a los orillos para saber exactamente la dirección de la tela. Corte las tiras del ribete al bies por la diagonal de un cuadrado y luego por la paralela, a la distancia deseada.

4 Abra las costuras y plánchelas.

6 Cosa las esquinas tal como se muestra en el dibujo.

2 Para unir las tiras, corte los extremos siguiendo la dirección de la tela.

3 Cosa las tiras.

5 Doble las tiras por la mitad de manera que coincidan los bordes cortados; corte las puntas que sobresalgan.

7 Doble el ribete hacia el forro y cósalo repulgando.

en el otro lado de la labor. Corte las tiras para el ribete de la parte superior y la inferior de manera que sobresalga 1,5 cm por cada extremo. Acabe las esquinas hilvanando el dobladillo, recto o en inglete, antes de coserlo.

RIBETE AL BIES

Si se utiliza una tira de tela cortada al bies, el ribete puede coserse sin interrupción alrededor de todo el contorno, ya que el sesgo oblicuo de la tela permite que se adapte a las esquinas.

Mida el perímetro de la labor y corte tiras de 6,5 cm de ancho siguiendo la diagonal de la tela escogida para el ribete. Junte las tiras con costuras diago-

nales hasta obtener el largo deseado. Las tiras cortadas al bies encogen bastante; téngalo en cuenta a la hora de calcular el largo necesario. Cosa los extremos del ribete, abra las costuras y plánchelas. Doble entonces el ribete por la mitad, de manera que el revés quede hacia dentro. Corte las puntas que sobresalgan. Sujete con alfileres los dos bordes cortados del ribete alineándolos con el borde del patchwork y cósalos dejando un margen de tela de 6 mm. En las esquinas haga un corte en el ribete para que se adapte mejor, pero no sobrepase la línea de costura. Una vez cosido todo el contorno, doble el otro extremo hacia el forro y cósalo repulgando.

Aunque el patchwork inglés entretiene más que otros métodos, tiene ciertas ventajas. Permite encajar distintas formas con precisión y, si las costuras son fuertes, el resultado es muy duradero. Se pueden utilizar piezas curvas, como en los motivos de Dresde, y aplicarlas sobre un fondo. Naturalmente, sería una pérdida de tiempo utilizar este método si sólo se desean mezclar cuadrados o rectángulos, sin combinarlos con otras formas. En tal caso, es más adecuado el método americano, y muchísimo más rápido.

DISEÑO

Pruebe distintas combinaciones de hexágonos, estrellas, diamantes y triángulos sobre un papel pautado isométrico. Se puede utilizar una misma forma para todo el dibujo o combinar varias. El papel isométrico tiene una pauta de triángulos. También es útil para recortar los papeles de refuerzo que se hilvanan a las piezas de tela y para trazar plantillas con precisión.

Ordene los retales por colores o por tonos oscuros y claros, de manera que le sea más fácil decidir la composición de la labor. Para el fondo o los ribetes elija mejor una tela lisa. Aunque la mayoría de los diseños para patchwork inglés utilizan una sola forma que se repite en toda su extensión, también se pueden dividir en unidades que faciliten el trabajo, y no permitan que se haga tan grande que sea difícil de manejar.

DISEÑOS SOBRE PAPEL PAUTADO ISOMÉTRICO

Combinación de formas sobre una pauta isométrica.

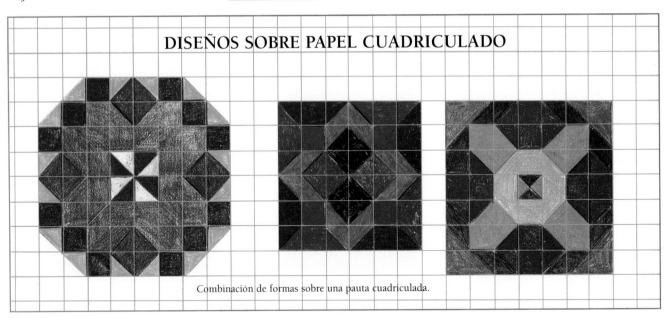

DISEÑOS SOBRE PAPEL CUADRICULADO

Combinación de formas sobre una pauta cuadriculada.

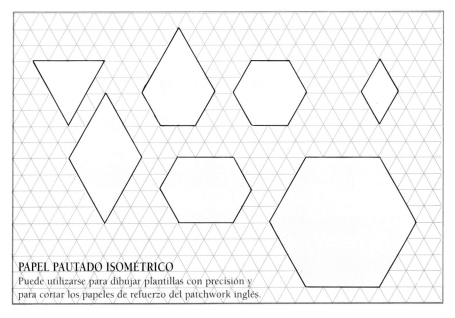

PAPEL PAUTADO ISOMÉTRICO
Puede utilizarse para dibujar plantillas con precisión y para cortar los papeles de refuerzo del patchwork inglés.

ESBOZO DE LA LABOR
en papel pautado isométrico

Si es posible, dibuje un esbozo de toda la labor en papel pautado isométrico para hacerse una idea del trazado final, de la colocación de los grupos de colores, de las zonas claras y oscuras, y de los ribetes.

EL JARDÍN DE FLORES DE LA ABUELA

Confeccionado a base de telas de vestidos de algodón estampadas con motivos del siglo XIX, este acolchado es una versión sencilla del diseño «jardín de flores». Rosetas sencillas, compuestas por siete hexágonos, flotan sobre un fondo de color verde con un estampado de ramilletes, de la misma tela que el ribete y el forro. La restringida gama de colores, con marrones rojizos y estampados azules, confiere al edredón un atractivo agradablemente sosegado. Las telas con estampados a rayas y cuadros que se han utilizado en algunas rosetas llaman la atención en el conjunto de una superficie bastante uniforme. El acolchado realza los hexágonos. Los edredones con un aire «antiguo» están ganando popularidad. Algunos fabricantes aprovechan ahora para sacar telas estampadas con antiguos motivos para vestidos y en el mercado se encuentran productos para envejecer artificialmente telas nuevas. Si se quiere confeccionar un edredón de este tipo, es necesario realizar una cuidadosa selección de telas de colores apagados, aun así, la forma hexagonal es la técnica de coser más sencilla, por lo que en la confección de esta pieza la perseverancia puede ser más importante que la habilidad.

MATERIAL NECESARIO

Para cada roseta es necesario un rectángulo de tela de 30 cm x 20 cm y un cuadrado central de 10 cm de lado. El patchwork está compuesto por 115 rosetas enteras, más 34 medias rosetas en el contorno.
• Para los hexágonos del fondo: 4,5 m de tela de 115 cm de ancho.
• Ribete y forro: 7 metros.
• Guata: la medida del patchwork terminado, más un margen de 10 cm en todo el contorno.
• Una plantilla hexagonal con lados de 3-4 cm.
• Papel para los papeles de refuerzo.
Con la ayuda de la plantilla, corte los papeles de refuerzo y fórrelos de tela. Le

EL JARDÍN DE LA ABUELITA

Esta labor de acolchado, construida con hexágonos siguiendo el método inglés, salva las diferencias entre los acolchados modernos y la tradición victoriana. Está compuesta por rosetas dobles de hexágonos en tonos predominantemente naranjas y ocres, con un centro amarillo. Las rosetas dan un aire muy original a los estampados y confieren al conjunto un aspecto exquisito que recuerda los antiguos pisapapeles de cristal. Las rayas forman círculos concéntricos alrededor del centro; los numerosos cuadrados dispuestos en posiciones aleatorias en el interior de algunos hexágonos dan una sensación de dinamismo a la composición, y el encuadre y la colocación de las flores y los motivos de cachemir demuestran una gran habilidad en el uso de las plantillas de ventana.

En el círculo de rosetas de tonalidad más clara, la distribución de los valores tonales consigue ordenar el conjunto, pero la variedad de telas utilizada hace que la mirada recorra la superficie de la labor investigando los detalles dentro de

ARRIBA El revés de un patchwork con el motivo «jardín de flores de la abuela», confeccionado con telas actuales.

~

será más fácil controlar la distribución de colores si, para construir las rosetas, primero las hace todas y luego las une a los hexágonos que forman el fondo. Sin embargo, siempre puede empezar a ensamblar las rosetas cuando tenga preparadas unas cuantas y dejar que la composición final dependa del azar. Una vez que el hexágono está rodeado por todos sus lados, se puede retirar el papel de refuerzo. Los bordes del patchwork se han cortado para dejarlos rectos y unirlos al ribete, pero también existen otras posibilidades, como ya se ha explicado. Cuando el patchwork y el ribete estén terminados, hilvánelos con la guata y el forro, y acolche realzando los hexágonos. Acabe con un ribete estrecho de la misma tela que el borde o doble hacia dentro los bordes del forro y del ribete y únalos repulgando.

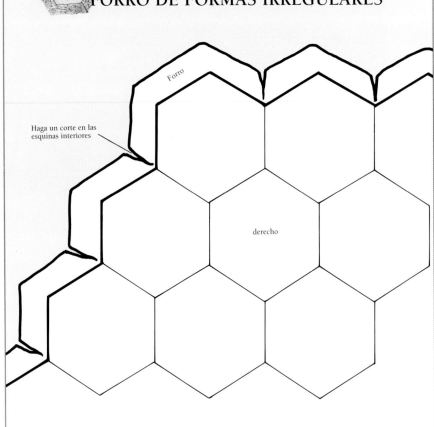

FORRO DE FORMAS IRREGULARES

Forro

Haga un corte en las esquinas interiores

derecho

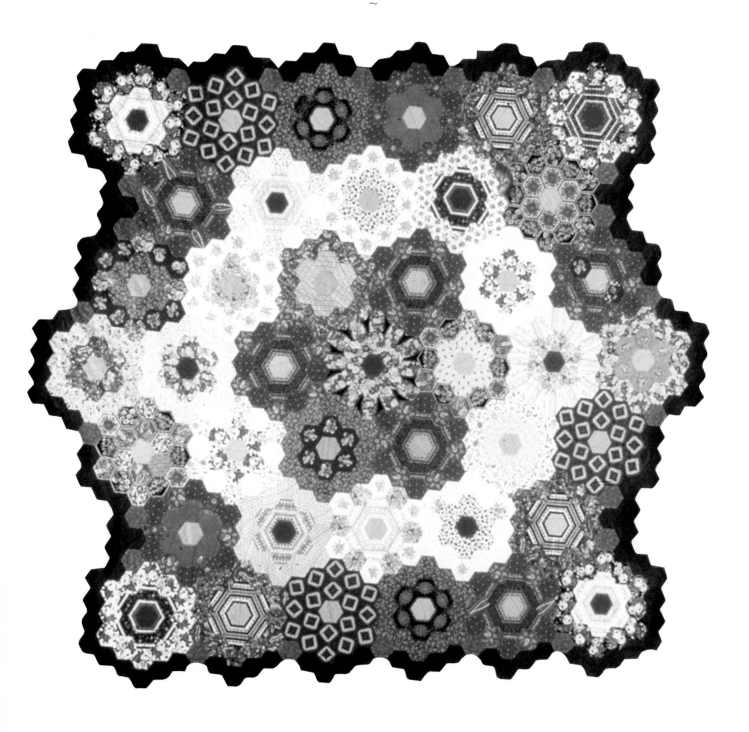

dicho orden. El toque final lo encontramos en el ribete ya que, al dejar que los mismos hexágonos enmarquen el patchwork, la artista no sólo ha evitado el problema de rectificar el borde, sino que además ha conseguido dar un aire actual a la composición de hexágonos tradicional. El acolchado se ha hecho a mano con puntadas grandes y con hilo de algodón, sin necesidad de añadir ningún relleno.

FORRO DE FORMA IRREGULAR

Para dar al forro la forma del contorno que dibujan los hexágonos exteriores, planche hacia dentro los bordes del patchwork y retire los papeles con cuidado. Corte la tela del forro dejando 3,5 cm de margen en todo el perímetro; encárelo con el revés del patchwork y únalos con un hilván. Recorte los bordes del forro dejando un margen de 9 mm en todo el contorno. Dé un corte

ARRIBA

«Jardín de la abuelita»

~

en las esquinas interiores para que al doblarse queden planas. Doble los bordes del forro hacia dentro, de manera que se alineen con los bordes del patchwork. Sujételo con alfileres, hilvánelo y cóselo con un sencillo repulgo. Acolche y no olvide deshacer los hilvanes.

Las primeras labores acolchadas fueron edredones. No importaba tanto que fueran bellos como que abrigaran. En los duros inviernos cualquier material disponible debía ser conservado y, en la medida de lo posible, reciclado. Tanto los vestidos como la ropa de cama eran utilizados una y otra vez, incluso para hacer los primeros «patchworks locos», en los que se cosían los retales sin darles forma y se rellenaban con cualquier cosa, a menudo con otras telas viejas, para protegerse del frío.

A pesar de la escasez de telas, las primeras no tardaron en imponer cierto orden en la disposición de formas y colores. Produjeron diseños sencillos en los que intervenía una sola forma, como los bloques de «ladrillos», que igualmente aprovechaban al máximo la tela, pero introducían la idea estética de cierto diseño.

El espacio en las casas también era limitado. Resolvieron el problema construyendo los patchworks en secciones o bloques. Cada bloque podía hacerse por separado y apilarse hasta que hubiera suficientes para cubrir todo un edredón. Cuando ya había veinte o treinta, el patchwork se ensamblaba y el edredón completo se acolchaba entre varias personas, en un esfuerzo común.

Los diseños sencillos repetidos en toda la labor se construían doblando un cuadrado de papel, primero en cuatro partes y después en nueve. Así se inició el diseño de bloques, la unidad en la que se basa el patchwork americano y que puede utilizarse de muy distintas maneras.

Cuando se juntan los bloques, aparecen formas secundarias, que añaden complejidad al dibujo aparentemente simple de cada bloque. Los bloques a veces se separan con tiras de tela para dar al conjunto un aspecto de celosía o enrejado.

Solía utilizarse para muestras, en las que cada bloque era diferente y donde, de ponerse juntos sin ninguna separación, habría resultado una difícil mezcla de formas.

Dispuestos «en punta», los bloques cuadrados parecen diamantes. Para completar la forma cuadrada o rectangular necesaria, se insertan triángulos en los lados.

Si se utilizan dos o más tipos de bloques, aparecen interesantes dibujos secundarios, y los bloques lisos en combinación con los de varias piezas dejan

ARRIBA Y A LA DERECHA
Los dibujos de los primeros patchworks americanos, como son los bloques de «ladrillos», aprovechan al máximo todos los retales disponibles.
~

un espacio libre para lucirse en el dibujo del acolchado.

Los bloques se clasifican según el número de partes iguales en las que se dividen. Los más comunes son los de cuatro y nueve piezas, pero también hay muchos que combinan cinco y siete piezas. Para determinar la clase a la que pertenece un bloque en concreto, es útil trabajar con una rejilla, que también sirve para determinar el orden en que es más conveniente unir las piezas. Se empieza con las más pequeñas y, siempre que sea posible, se cose en línea recta.

La disposición de los colores y tonos determina en gran medida el efecto final. Decida qué parte del bloque desea resaltar y utilice los colores más oscu-

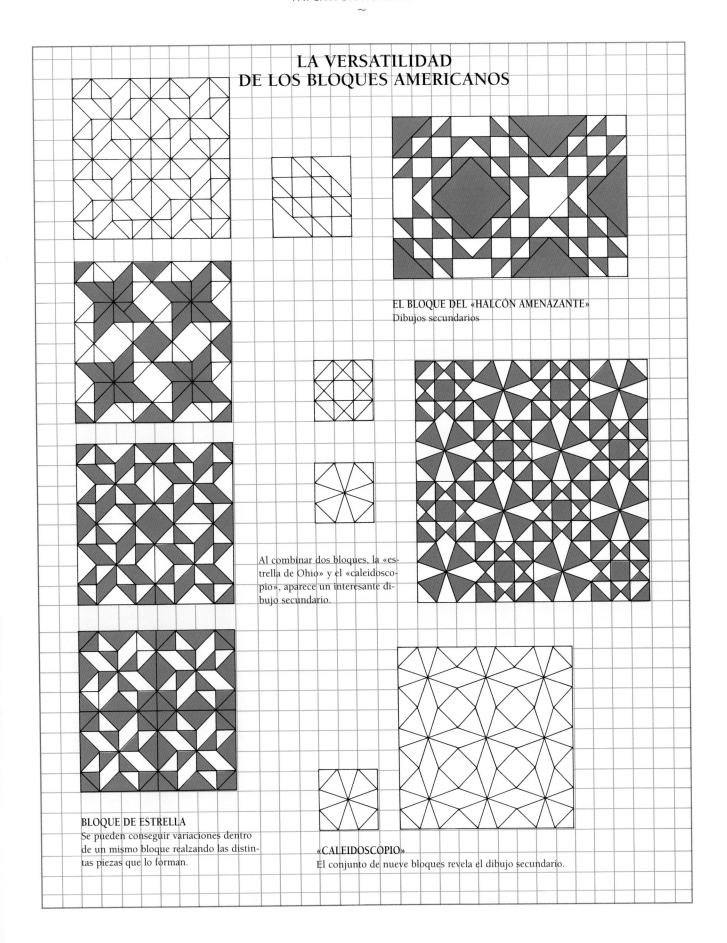

LA VERSATILIDAD
DE LOS BLOQUES AMERICANOS

EL BLOQUE DEL «HALCÓN AMENAZANTE»
Dibujos secundarios

Al combinar dos bloques, la «estrella de Ohio» y el «caleidoscopio», aparece un interesante dibujo secundario.

BLOQUE DE ESTRELLA
Se pueden conseguir variaciones dentro de un mismo bloque realzando las distintas piezas que lo forman.

«CALEIDOSCOPIO»
El conjunto de nueve bloques revela el dibujo secundario.

ros en las formas escogidas. Pruebe distintos tonos, claros, medios y oscuros, para construir varias versiones del mismo bloque antes de decidir la distribución de las telas. En los esbozos, coloque como mínimo cuatro bloques juntos para ver los dibujos secundarios. En algunos casos, como en el bloque del «caleidoscopio», son necesarios por lo menos seis bloques para mostrar el efecto final.

Los principios básicos de la repetición de bloques permiten que el diseño del patchwork ofrezca muchas posibilidades. Incluso en la reproducción de un dibujo tradicional, la personalidad del aficionado se refleja en la elección de las telas, la utilización de los ribetes y la manera de disponer los bloques. Se pueden variar las formas tradicionales e inventar otras nuevas siguiendo una rejilla básica. Los diferentes modelos que aparecen en este libro exploran las múltiples maneras de sacar partido a la repetición de bloques.

ARRIBA Edredón «murallas de castillo». Aunque todos los bloques siguen el mismo dibujo, se crean efectos muy diferentes al resaltar las distintas formas que componen el bloque.

~

A LA IZQUIERDA, ARRIBA «Caja sorpresa»

~

A LA IZQUIERDA, ABAJO «Zarpa de oso»

~

MUESTRA DE EDREDÓN CON TIRAS DE ENREJADO

ARRIBA Detalle de patchwork amish con «ruedas de mantequera»

~

MODELOS AMISH

Los artesanos amish destacan por la sencillez gráfica de sus diseños para patchwork. Su trabajo responde a la naturaleza de sus creencias religiosas, que prescriben conformidad con un modo de vida austero y excluyen la formas de decoración recargadas, hasta el punto de que en el pasado estaban prohibidas las telas estampadas. El resultado es un estilo sorprendente e inmediatamente reconocible, en el que los colores primarios se combinan con negro y tonos oscuros de marrón y azul. Se dice que sus dibujos geométricos tuvieron una significativa influencia en el desarrollo del arte contemporáneo. Sus labores también son conocidas por la finura del acolchado, para el que suelen utilizar intrincados motivos con figuras de rosas, tulipanes, plumas y otras cenefas. Actualmente, los antiguos patchworks acolchados amish son muy apreciados por los coleccionistas.

La pieza amish que aparece en la fotografía combina dos tipos de bloque «en punta». El bloque de nueve piezas, que se conoce como «rueda de mantequera», se alterna con cuadrados y triángulos lisos en los que el acolchado forma complicados dibujos. Los bloques se enmarcan con una banda negra y el ribete ancho que completa la labor es de la misma tela de algodón que los cuadrados lisos de fondo. Fue confeccionado a finales del siglo XIX.

EDREDÓN AMISH «RUEDA DE MANTEQUERA»
Tamaño: 203 cm x 178 cm.

MATERIAL NECESARIO

Se considera que todas las telas son de 115 cm de ancho.
• Para el ribete y los bloques lisos: 3,5 m.
• Para el forro: 5 m.
• Guata: del tamaño de la labor acabada más 10 cm de margen en todo el contorno.
• Bloques: utilice sus propias plantillas para calcular la cantidad de tela.

CONFECCIÓN DEL PATCHWORK

Este bloque sencillo de nueve piezas es uno de los más fáciles y rápidos de hacer. Además, va combinado con bloques de una pieza, por lo que la confección todavía es menos complicada. Naturalmente, se puede sustituir el bloque de patchwork por cualquier otro entre los ejemplos que se dan.

Dibuje el bloque en papel pautado dándole el tamaño adecuado y haga las plantillas. Es ahora cuando debe decidir si desea coserlo a mano o a máquina, ya que esta decisión afecta a la forma de hacer las plantillas.

La única dificultad que se deriva de disponer los bloques en punta reside en decidir la dirección en que debe ir la tela. Construya los bloques colocando la tela de manera que los hilos corran en paralelo con los lados del cuadrado y, a continuación, corte los triángulos de los lados de manera que la tela vaya en la misma dirección que la de los cuadrados. La elasticidad de los ribetes cortados al bies hace que sea difícil encajarlos, por lo que es mejor cortarlos rectos. De este modo, servirán para reforzar la parte central del patchwork. Es preferible ser flexible a la hora de cortar la tela y no seguir las normas al pie de la letra.

Cuando tenga todos los bloques montados, cósalos en tiras guiándose por la foto y añada un triángulo en la parte superior y en las esquinas. Cosa las tiras entre sí con cuidado de hacer coincidir las puntas de los bloques. Antes de coser los ribetes, pase un hilván por todo el contorno para impedir que el patchwork se deforme. Cosa el hilván en el margen de la costura, de manera que una vez cosidos los ribetes quede escondido. Una vez terminado el patchwork, hilvánelo con el relleno y el forro, acólchelo y déle el acabado que desee, tal como se ha explicado anteriormente.

EDREDÓN DE CUNA CON «MOLINILLOS»

Una forma bastante común de planificar un edredón hecho de retales es servirse de una tela normal para el fondo. En este pequeño edredón, la tela de algodón lisa de color azul lavanda sirve de fondo y unifica la variedad de telas estampadas. También unifica el diseño, variante del bloque tradicional conocido como «el preferido de Clay». Los bloques se han hecho de tal manera que, cuando se colocan juntos, forman un dibujo secundario que hace que parezca que las aspas de los molinillos giran en sentidos opuestos y crea un movimiento en espiral. La forma de las piezas lisas se realza con el acolchado a máquina. Las tiras de tela estampada

BLOQUES «MOLINILLO»

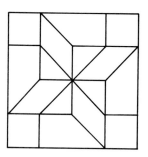

«El preferido de Clay», un bloque tradicional.

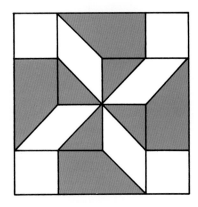

Variante utilizada en el edredón de «molinillos». El ancho de los ribetes es la mitad del lado de los cuadrados que forman la rejilla del bloque.

están agrupadas en escalas tonales. El ribete que rodea el edredón también está hecho de patchwork. Se ha acolchado a máquina con un cordoncillo bordado. El centro de cada bloque se ha anudado con hilo de bordar a mano.

Los bloques miden 20 cm de lado y las tiras del ribete son de 2,5 cm x 8 cm. El tamaño final del edredón es 76 cm x 99 cm.

MATERIAL NECESARIO

Se considera que todas las telas son de 115 cm de ancho.
- Para los bloques: 24 rectángulos de tela estampada, cada una de 23 cm x 15 cm.
- Para el fondo: 75 cm de tela lisa.
- Para el forro: 1,5 m.
- Guata fina de 60 g/m².
- Para coser el edredón de la fotografía se ha utilizado una bobina de 500 m de hilo de bordar a máquina, sombreado de color madeira, número 2.103, pero puede servir cualquier otro hilo, liso o sombreado.
- Para el ribete: retales pequeños de telas variadas.
- Dibujar y construir las plantillas para los bloques de tres formas distintas: un cuadrado, un rectángulo y un romboide.

CORTE

Para cada bloque se necesitan dos telas estampadas y una tela lisa para el fondo.

Corte cuatro romboides de la primera tela estampada. Al colocar la plantilla, recuerde que la forma romboide no es simétrica, luego la plantilla debe colocarse boca abajo sobre el revés de la tela.

Corte cuatro cuadrados de la segunda tela estampada.

Corte cuatro cuadrados y ocho triángulos de la tela lisa.

COSIDO

Siga el orden para coser descrito anteriormente. Una los bloques en cuatro tiras de tres bloques cada una y cosa las tiras entre sí.

EL RIBETE

El ancho de las tiras del ribete es la mitad del de los cuadrados, de manera que en el lado de cada bloque caben ocho tiras.

Haga una plantilla del ancho correcto para el bloque y de la longitud final que desee. Para los bloques de 20 cm, el ta-

ARRIBA
Edredón de cuna de «molinillos»
~

maño final de las tiras es de 2,5 cm x 8 cm.

Los lados de los cuadrados para las esquinas deben medir lo mismo que los lados largos de las tiras del ribete.

Cosa entre sí las tiras del ribete: 24 tiras para cada uno de los lados cortos y 32 tiras para cada uno de los largos. Añada los cuadrados que forman las esquinas a los extremos de los lados cortos, comprobando que todos los puntos coinciden.

ACOLCHADO

Con un lápiz de jaboncillo, marque las líneas de acolchado en las zonas lisas situadas entre los bloques, a 2 cm de distancia de las costuras. Una el patchwork, la guata y el forro, y cosa una densa red de hilvanes.

Pase primero un pespunte recto por las líneas marcadas y, a continuación, tápelo con un cordoncillo delgado, aproximadamente del ancho marcado que corresponde al núm. 2 de la máquina. Cubra también con un cordoncillo la costura que une el ribete y los bloques. Acolche alrededor de los cuadrados estampados y entre los mismos utilizando

ORDEN DE MONTAJE

Nota: no se muestran los márgenes para las costuras.

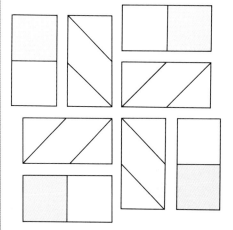

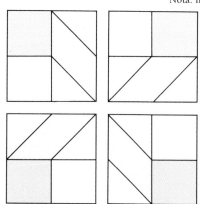

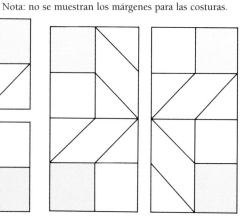

Haga 8 rectángulos: 4 compuestos de 2 cuadrados y 4, de 1 romboide y 2 triángulos.

Cosa los rectángulos entre sí para formar 4 cuadrados.

Cosa los cuadrados de 2 en 2 y, a continuación, los 2 rectángulos resultantes.

PLANTILLA PARA EL RIBETE DE PATCHWORK AL BIES

El margen para las costuras ya está incluido.

← dirección de la tela →

un hilo que haga juego con el estampado de éstos; esconda el pespunte en las costuras.

Haga un nudo en el centro de cada bloque con hilo de bordar a juego con el estampado.

RIBETE AL BIES DE PATCHWORK

En este caso, el ribete no es una tira continua de tela, sino una composición de patchwork.

Para confeccionar el ribete de patchwork al bies, haga una plantilla calcando el dibujo de la izquierda (el margen para la costura ha sido incluido en la plantilla, por lo que no debe añadirse al cortar la tela). A continuación, mida el perímetro del edredón y corte un número suficiente de piezas de telas distintas para cubrir dicha longitud. Decida el orden de las telas y de los colores antes de cortar. Recuerde que el ribete al bies se encoge bastante, por lo que es recomendable dejar un margen prudente.

Cosa las piezas entre sí por los bordes que siguen la dirección de la tela (es decir, por los lados cortos), dejando 6 mm de margen. Abra todas las costuras y plánchelas. A continuación doble la tira por la mitad a lo largo, con el revés hacia dentro, y plánchela. Debe quedarle una tira de tela doble, con dos bordes cortados en un lado y un doblez en el otro. Recorte las puntas que sobresalen. Cosa la tira al edredón.

RIBETE DE PATCHWORK AL BIES

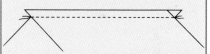

Cosa las piezas siguiendo la dirección de la tela.

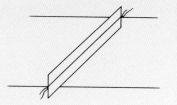

Abra las costuras y plánchelas.

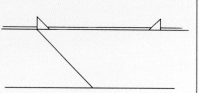

Doble por la mitad (con el revés hacia dentro) y planche. Recorte las puntas salientes antes de coser el ribete al edredón.

DICCIONARIO DE BLOQUES

Los distintos tipos de bloques se han dividido en tres grupos de nueve. Los bloques del primer grupo están construidos únicamente con cuadrados y triángulos, y son fáciles de construir. En el segundo grupo se introduce otra forma, el romboide, pero si se trabaja con cuidado no tiene por qué presentar problemas. El tercer grupo de bloques es bastante difícil y sólo es recomendable para aficionados con cierta experiencia.

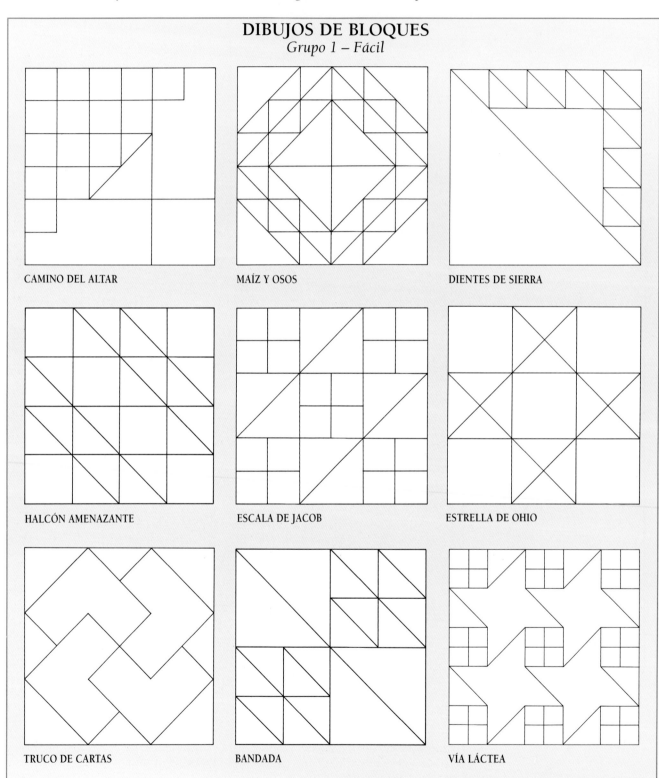

DIBUJOS DE BLOQUES
Grupo 1 – Fácil

CAMINO DEL ALTAR

MAÍZ Y OSOS

DIENTES DE SIERRA

HALCÓN AMENAZANTE

ESCALA DE JACOB

ESTRELLA DE OHIO

TRUCO DE CARTAS

BANDADA

VÍA LÁCTEA

DIBUJOS DE BLOQUES
Grupo 2 – Dificultad media

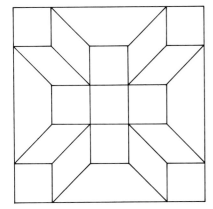

LA HIJA DEL GRANJERO

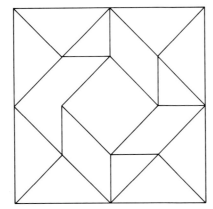

GOLPE DE VIENTO

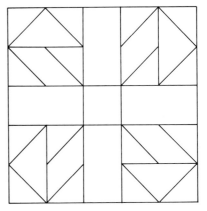

CAJA SORPRESA

MOLINILLO EN MOVIMIENTO

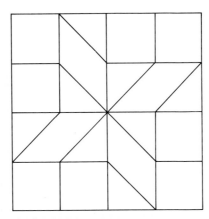

EL PREFERIDO DE CLAY

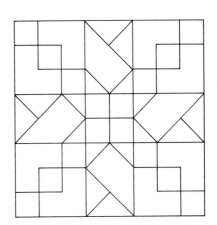

PUNTAS DE FLECHA

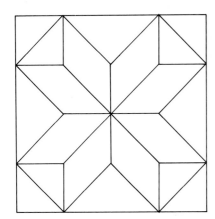

ESTRELLA CUADRADA

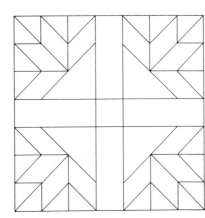

HUELLAS DE GANSO

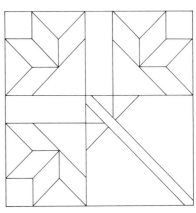

LIRIO

DIBUJOS DE BLOQUES
Grupo 3 – Dificultad alta

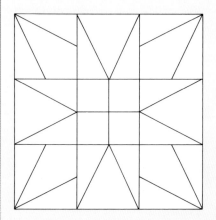

GARRAS

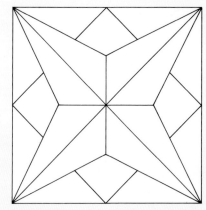

ESTRELLA

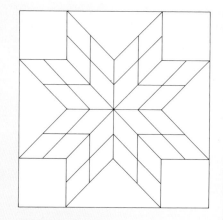

ESTRELLA ORIENTAL

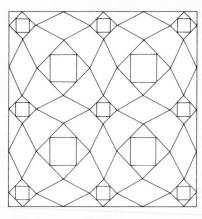

TORMENTA EN EL MAR

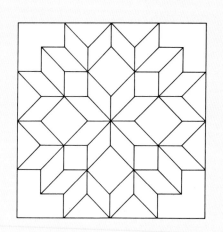

ROSA HOLANDESA

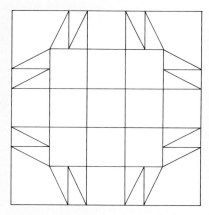

HUELLAS DE PALOMA

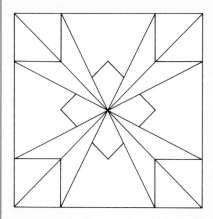

ESTRELLA DOBLE

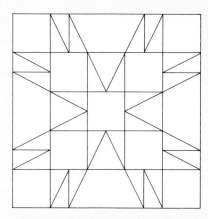

ESTRELLA DE SAN LUIS

PALOMA EN EL ALFÉIZAR

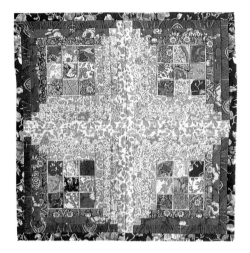

ARRIBA, A LA DERECHA Y EN
LA PÁGINA SIGUIENTE

*El bloque «cabaña de troncos»
se presta a múltiples
variaciones, por ejemplo «el
granero en crecimiento», a la
derecha.*
~

Entre los diseños de edredones tradicionales, «la cabaña de troncos» figura como uno de los favoritos. Esto se debe en gran parte a su familiaridad, y es que, incluso la gente que tiene pocos conocimientos sobre los diseños de edredones, reconoce perfectamente la «cabaña de troncos». Sin embargo, parece haber otra razón esencial y es el hecho de que simbolice el establecimiento de un continente, y que represente el hogar en un medio hostil. Aunque los edredones «cabaña de troncos» se empezaron a hacer en Europa, el diseño está asociado a los Estados Unidos y sus primeros pobladores.

Examine la construcción de un bloque «cabaña de troncos» y verá cómo no ofrece ninguna dificultad. Varias tiras de tela rodean un cuadrado central que, tradicionalmente, era de color rojo para representar el fuego de la tierra. El bloque está dividido diagonalmente en telas claras y oscuras para crear la ilusión de sombras y lumbres parpadeantes dentro de una cabaña.

Hay muchas variantes en la construcción del bloque «cabaña de troncos», pero todas cuentan con ese juego visual de tonos claros y oscuros. Los bloques pueden unirse y producir una extraordinaria variedad de diseños. Entre los más apreciados figuran: «el granero en crecimiento», «el surco regular» y «la escalera del juzgado». El tamaño del bloque puede cambiarse si se modifica el ancho de las tiras o la medida del cuadrado central.

BLOQUE BÁSICO «CABAÑA DE TRONCOS»
Distribución de colores y orden de montaje

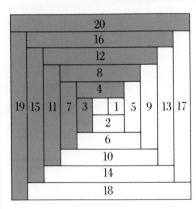

BLOQUE «CABAÑA DE TRONCOS»
Disposición de las tiras en espiral.

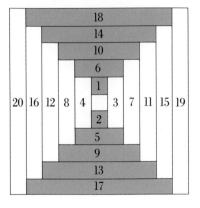

«ESCALERA DEL JUZGADO»
En esta variante, las tiras se cosen a los lados del cuadrado central.

EDREDÓN TRADICIONAL «CABAÑA DE TRONCOS»

Este edredón tradicional compuesto de bloques tipo «cabaña de troncos» fue hecho con telas de algodón estampadas en 1860. Las piezas del bloque están dispuestas en espiral y dan cinco vueltas alrededor del cuadrado central. Se han ordenado de manera que los lados oscuros y claros de los distintos bloques queden enfrentados, con lo que se realzan las líneas diagonales que cruzan la superficie del edredón. El tamaño del edredón es de 200 cm x 240 cm. Para componer un trabajo de este tamaño son necesarios treinta bloques de 41 cm de lado.

MATERIAL NECESARIO

La «cabaña de troncos» es un tipo de bloque ideal para componer un edredón de retales. Es necesario disponer de una buena colección de telas de algodón puro o mezclado. Si decide comprar las telas nuevas, elija once diferentes para el patchwork: cinco en tonos claros, cinco en tonos oscuros y una para los cuadrados centrales. Las cantidades de tela, calculadas para un ancho de 115 cm, son las siguientes:

• Para el cuadrado central: 0,5 m.
  Tiras 1 y 2: 0,5 m, clara.
  Tiras 3 y 4: 0,5 m, oscura.
  Tiras 5 y 6: 0,75 m, clara.
  Tiras 7 y 8: 0,75 m, oscura.
  Tiras 9 y 10: 1 m, clara.
  Tiras 11 y 12: 1 m, oscura.
  Tiras 13 y 14: 1 m, clara.
  Tiras 15 y 16: 1,25 m, oscura.
  Tiras 17 y 18: 1,25 m, clara.
  Tiras 19 y 20: 1,5 m, oscura.

• El tamaño del patchwork completo es de 242 cm x 200 cm. Así pues, se necesita una tela de algodón para el forro de 2,6 m x 2,1 m y una pieza de guata del mismo tamaño.

MÉTODO DE CONSTRUCCIÓN

Para construir un bloque de 41 cm de lado con tiras que den cinco vueltas, el cuadrado central terminado ha de medir 9 cm de lado, y las tiras tienen que ser de 3,3 cm de ancho. Ya que debe añadir a estas medidas 6 mm alrededor de todo el contorno para el margen de costura, corte un cuadrado de 10 cm x 10 cm y tiras de 4,5 cm de ancho. El bloque puede coserse a mano o a máquina con una bastilla o pespunte que pase a 6 mm del borde de la tela.

PREPARACIÓN

Ordene las telas en dos grupos tonales: las claras y las oscuras. Pueden utilizarse telas estampadas o lisas, o combinarlas. Lo único importante es tener dos grupos de telas que contrasten claramente.

Corte las tiras siguiendo la dirección de la tela, ya sea a lo largo o a lo ancho. Trace las líneas de corte directamente sobre la tela con un lápiz de jaboncillo. Si utiliza telas nuevas, una cuchilla circular y una alfombrilla le facilitarán la tarea. Corte las tiras con precisión, ya que cualquier desviación al cortar cambia las medidas de la costura y del bloque final. Si los bloques quedan irre-

ORDEN DE MONTAJE DEL BLOQUE «CABAÑA DE TRONCOS»

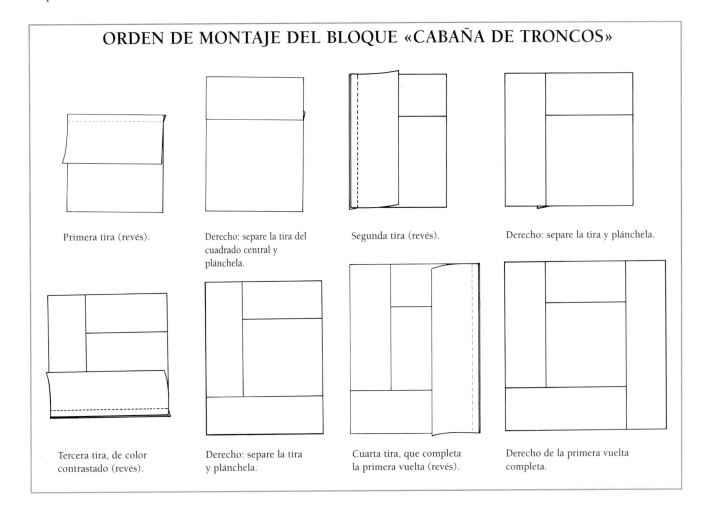

Primera tira (revés).

Derecho: separe la tira del cuadrado central y plánchela.

Segunda tira (revés).

Derecho: separe la tira y plánchela.

Tercera tira, de color contrastado (revés).

Derecho: separe la tira y plánchela.

Cuarta tira, que completa la primera vuelta (revés).

Derecho de la primera vuelta completa.

ARRIBA «Surcos regulares»
~

gulares, es difícil hacerlos encajar, especialmente en algunas costuras, y la consecuencia final es la apariencia desigual del dibujo global del edredón.

En el bloque «cabaña de troncos» no es necesario hacer coincidir ningún punto, por lo que, si se cortan y cosen las piezas cuidadosamente, la construcción del bloque no debe presentar problemas.

CONSTRUCCIÓN DE LOS BLOQUES

Corte los cuadrados centrales, que deben medir 10 cm de lado. A continuación, escoja la tela para la primera tira. Córtela de la misma longitud que el lado del cuadrado, encárela con éste y sujétela con alfileres. Cósala con un pespunte que pase a 6 mm del borde. Planche la costura hacia la tira por el revés de la tela.

Corte otra tira de la misma tela y del largo del lado del cuadrado más el ancho de la primera tira. Sujétela con al-fileres, cósala y plánchela como en el caso anterior.

La tela para las tiras tercera y cuarta debe ser de un color que contraste con las primeras. Corte la tercera tira, que debe medir igual que el lado del cuadrado más el ancho de la segunda tira. Sujétela con alfileres, cósala y plánchela. La cuarta tira completa la primera vuelta.

Continúe añadiendo tiras. Aumente progresivamente el largo de las tiras, de manera que cubran el ancho de la anterior. Alterne en el orden correcto las telas claras y oscuras. El sentido en el que giran las tiras puede ser el de las agujas del reloj o el opuesto, pero, en cualquier caso, debe ser el mismo en todos los bloques.

Cuando haya completado 30 bloques, ordénelos siguiendo la fotografía y cósalos dejando un margen de 6 mm entre la costura y el borde. Es mejor coser los bloques en grupos de cuatro o seis que formar tiras demasiado largas. Si el tamaño de cada uno de los bloques no es exactamente el mismo, será más difícil hacer coincidir los puntos en las costuras más difíciles. En cambio, al coserlos en grupos de cuatro o seis, es más fácil corregir las pequeñas desviaciones. Abra las costuras que unen los bloques y plánchelas, ya que así le será más fácil hacer coincidir las esquinas.

Ya tenemos el patchwork acabado. En el edredón antiguo de la fotografía los bloques llegan hasta el borde, ya que no se le ha añadido ningún ribete para rematarlo. De todos modos, un ribete estrecho puede ser un acabado apropiado para este edredón.

Hilvane el patchwork con la guata y el forro –tal como se describió en el apartado de *técnicas básicas*– y acolche a mano o a máquina.

IZQUIERDA
«Cabaña de
troncos» en forma
de diamante
~

LA «CABANA DE TRONCOS» EN FORMA DE DIAMANTE

Este diseño de «estrella resplandeciente» fue el que eligió una experta costurera para demostrar sus habilidades en una obra maestra. A las cualidades gráficas del diseño se han sumado las de los bloques «cabaña de troncos» gracias a la forma alterada de las piezas centrales. Los bloques se han construido de la misma manera que las «cabañas de troncos», es decir, con tiras que rodean una pieza central, aunque dicha pieza en este caso es un diamante en lugar de un cuadrado. El dinamismo se consigue igualmente con la alternancia de telas claras y oscuras. Cuando se reúnen los bloques en una gran estrella de seis puntas, con los triángulos oscuros en la parte interior, surge un dibujo de hexágonos emergentes. Los centros rojos en forma de diamante de los cincuenta y cuatro bloques hacen que la vista gire alrededor de la forma de estrella. El problema de encajar la estrella en un marco se ha resuelto dando forma de hexágono a la labor y rellenando los espacios con seis grandes diamantes lisos, del mismo tamaño que los seis segmentos de la estrella. El acabado consiste en un ribete de patchwork hecho con tiras de telas oscuras. La estrella central se ha anudado en lugar de acolcharla; sin embargo, los diamantes exteriores están acolchados a máquina. El ancho final es de 260 cm aproximadamente.

MATERIAL NECESARIO

Se considera que todas las telas miden 115 cm de ancho.
• Para los diamantes centrales: 0,5 m.
  Para las tiras 1 y 2: 0,5 m, clara.
  Tiras 3 y 4: 0,5 m, oscura.
  Tiras 5 y 6: 0,5 m, clara.
  Tiras 7 y 8: 0,5 m, oscura.
  Tiras 9 y 10: 0,5 m, clara.

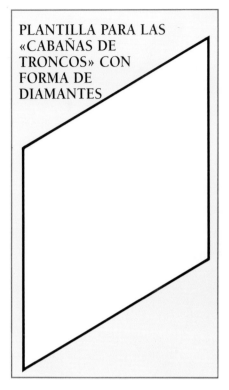

PLANTILLA PARA LAS «CABAÑAS DE TRONCOS» CON FORMA DE DIAMANTES

Tiras 11 y 12: 0,5 m, oscura.

Tiras 13 y 14: 0,5 m, clara.

Tiras 15 y 16: 0,5 m, oscura.

•Para el ribete: 0,75 m de cada una de las telas utilizadas.

•Guata: pieza cuadrada de 2,6 m.

CONSTRUCCIÓN DE LOS BLOQUES

Haga una plantilla para el diamante central y corte las piezas centrales de la tela escogida. El ancho final de las tiras es de 13 mm, de manera que deben cortarse de 25 mm de ancho para poder dejar un margen de 6 mm a cada lado. Las dos primeras tiras son de color claro. Coloque una de las tiras a lo largo de uno de los lados del diamante encarando las telas y dejando suficiente margen en los extremos para luego cortarlos en el ángulo apropiado. Cósalo con un pespunte dejando 6 mm de margen. Planche la costura hacia el diamante por el revés y corte los extremos de la tira siguiendo la línea de los lados del diamante y manteniendo el ángulo correcto.

Añada la tira 2, de la misma tela de color claro, cósala, plánchela y córtela como la anterior.

Las tiras 3 y 4 son de color oscuro. Para añadir la tercera tira, cosa, planche y corte igual que en las anteriores.

La tira 4 completa la primera vuelta. Continúe añadiendo tiras, alternando

ARRIBA *Patchwork en forma de «estrella resplandeciente», cosido a máquina y acolchado a mano, hecho con algodón y otros materiales cosidos.*

~

ABAJO *Derecho y revés de un bloque «cabaña de troncos» en forma de diamante.*

~

en el orden correcto las telas claras y oscuras, hasta completar cuatro vueltas. Para conseguir dibujar la estrella de seis puntas se necesitan cincuenta y cuatro bloques.

UNIÓN DE LOS BLOQUES

Empiece montando los seis segmentos de la estrella, de nueve bloques cada uno. Para unir los diamantes, no deben alinearse los bordes de la tela, sino las líneas que marcan el margen, de manera que al planchar el bloque abierto queden los bordes rectos.

Cosa los bloques en tiras de tres, abra las costuras y plánchelas. A continuación, cosa las tres tiras haciendo coincidir las costuras, para obtener un diamante formado por nueve bloques. Recuerde que la mitad oscura de todos los bloques debe apuntar hacia el mismo lado.

Antes de unir los seis segmentos de la estrella, utilice uno de ellos para trazar una plantilla que posea la misma forma y tamaño. Cosa los segmentos en dos grupos de tres, con las mitades oscuras de los bloques hacia dentro. Junte las dos mitades y cósalas por el centro de la estrella. En los ángulos interiores de la estrella, deje el margen de 6 mm sin coser. Abra las costuras y plánchelas.

Coloque cuidadosamente los seis diamantes lisos entre las puntas de la estrella, sujételos con alfileres y cósalos. En los ángulos interiores encaje los márgenes y describa el ángulo de la costura entre los márgenes que antes dejó sin coser. Planche las costuras hacia el lado de la estrella.

LAS TIRAS DEL RIBETE

Corte varios grupos de tiras de las telas oscuras, de 4 cm de ancho y del largo de los lados del hexágono. El tamaño final de la labor puede variarse ligeramente cambiando el número y el ancho de las tiras. Añádalas rodeando el borde del patchwork y corte los extremos de forma que sigan el ángulo del hexágono. La última tira se hace doble y se coloca como un ribete, de manera que reúna la guata y el forro. Para asegurarse de que éste último tenga el tamaño correcto, no corte la tela hasta que no haya añadido todas las tiras. Hilvane el patchwork con la guata y el forro, anude la estrella de colores y acolche a mano o a máquina los diamantes blancos exteriores.

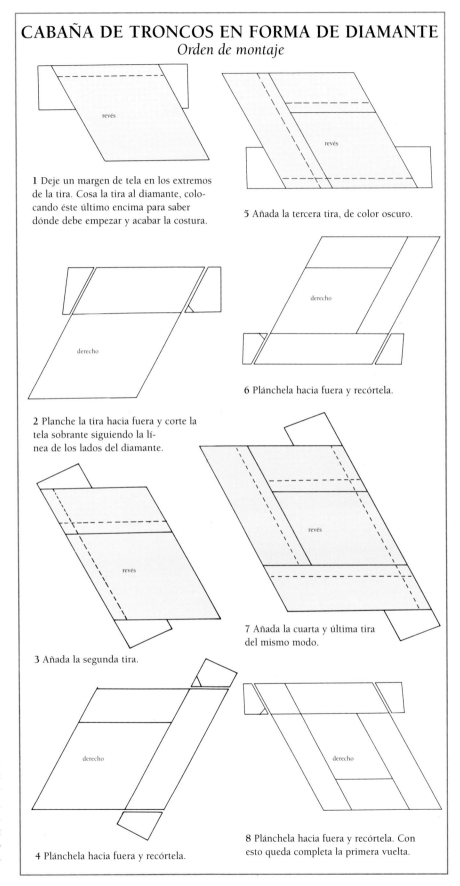

CABAÑA DE TRONCOS EN FORMA DE DIAMANTE
Orden de montaje

1 Deje un margen de tela en los extremos de la tira. Cosa la tira al diamante, colocando éste último encima para saber dónde debe empezar y acabar la costura.

2 Planche la tira hacia fuera y corte la tela sobrante siguiendo la línea de los lados del diamante.

3 Añada la segunda tira.

4 Plánchela hacia fuera y recórtela.

5 Añada la tercera tira, de color oscuro.

6 Plánchela hacia fuera y recórtela.

7 Añada la cuarta y última tira del mismo modo.

8 Plánchela hacia fuera y recórtela. Con esto queda completa la primera vuelta.

UNIÓN DE LOS BLOQUES DE DIAMANTES

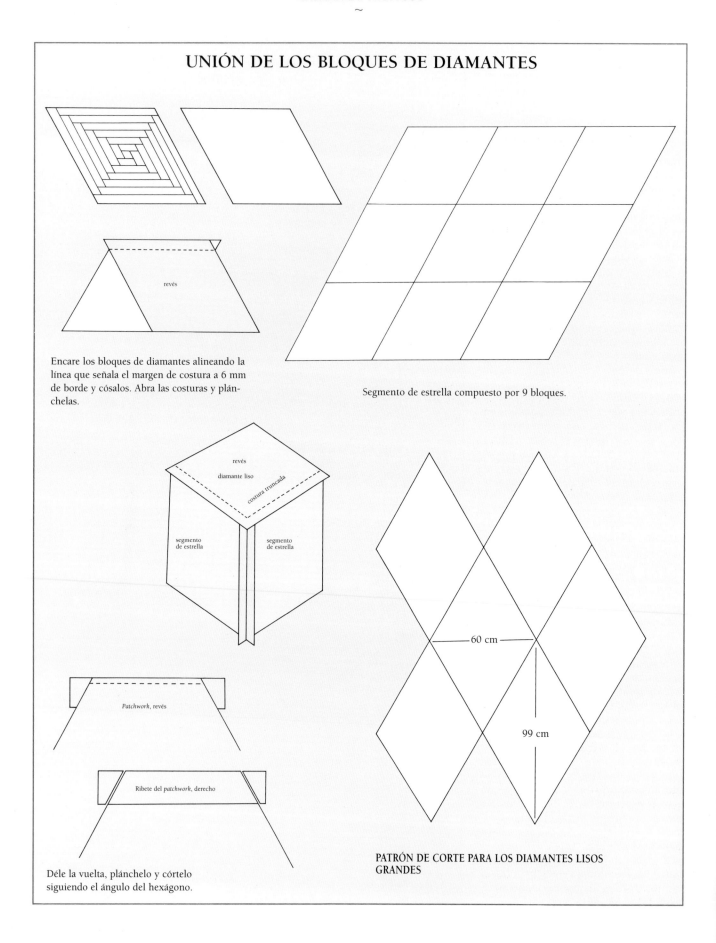

revés

Encare los bloques de diamantes alineando la línea que señala el margen de costura a 6 mm de borde y cósalos. Abra las costuras y plánchelas.

Segmento de estrella compuesto por 9 bloques.

revés

diamante liso

costura truncada

segmento de estrella

segmento de estrella

Patchwork, revés

Ribete del patchwork, derecho

Déle la vuelta, plánchelo y córtelo siguiendo el ángulo del hexágono.

60 cm

99 cm

PATRÓN DE CORTE PARA LOS DIAMANTES LISOS GRANDES

«CABANA DE TRONCOS» CON VENTANAS

Este modelo es una interpretación actual del bloque «cabaña de troncos», basado en variaciones de luz y sombra. Las puntas de color claro de los cuatro bloques de cada grupo forman un diamante de luz bien definido. Las telas de color rojo utilizadas en las zonas oscuras de los bloques centrales se introducen hasta la mitad de los bloques que for-

man los laterales y las esquinas, de manera que el centro del edredón se difumina. El espectador tiene que fijarse bien en la superficie del edredón para identificar el dibujo secundario que forman los diamantes oscuros, pero cuando llega a percibirlos, los diamantes claros y oscuros parecen disputarse la posición frontal y se acentúa el efecto

de jardín visto a través de ventanitas. Dicho efecto se debe al centro de los bloques, que no es un cuadrado liso, sino un pequeño bloque de patchwork de nueve piezas de tela estampada realzadas por un fino cordoncillo bordado con un hilo multicolor.

Los troncos o tiras de cada bloque han sido doblados y aplicados sobre una tela de refuerzo, con lo que el edredón adquiere una mayor consistencia. Es una variante de una técnica antigua utilizada en la confección de edredones con bloques de «cabaña de troncos», que consistía en coser retales dobles sobre cuadrados de tela de forro y prescindir del relleno. Una vez acabado el patchwork, lo único que se necesita es una tela de forro que tape las costuras. La técnica de doblado y aplicación hace que el acolchado sea bastante grueso y pesado, por lo que es más adecuada para confeccionar tapices que para hacer edredones.

MATERIAL NECESARIO

Se necesita el mismo tipo de material que para todos los patchworks de «cabaña de troncos», es decir, una buena colección de retales en tonos claros y oscuros. Se aplican dobladas, por ello, las telas de algodón de linón son las más adecuadas por su poco peso y su tejido denso, que hace que sean fáciles de manejar y que al doblarlas no queden demasiado gruesas.

•También necesita 2,5 m de red adhesiva de 0,5 m de ancho. La red adhesiva es un pegamento para tela que se vende en láminas de redecilla sobre papel. Se coloca con el lado del pegamento sobre el revés de la tela y se plancha. A continuación, se retira el papel y en la tela queda el pegamento, al que se puede adherir otras telas planchándolas con la plancha templada.

•Para los cuadrados de refuerzo: 3,25 m de tela de algodón blanca de 150 cm de ancho.

•Para el forro: un cuadrado de tela de algodón de 155 cm de lado.

•Para coser el edredón de la fotografía se ha utilizado una bobina de 500 m de hilo de bordar a máquina, sombreado de color madera, número 2.103, pero puede servir cualquier otro hilo, liso o sombreado.

•Máquina de coser capaz de hacer bordados sencillos.

Los sesenta y cuatro bloques se dividen en grupos de cuatro, en los que se repite la secuencia de telas para las tiras, aunque los cuadrados centrales son distintos.

LOS CENTROS DE BLOQUE

Corte la tela lisa de refuerzo en cuadrados de 26 cm de lado y busque el punto central planchándolo por las dos diagonales. Dibuje un cuadrado de 13 cm de lado en el centro. Corte un cuadrado de las mismas dimensiones de red adhesiva y péguelo con la plancha

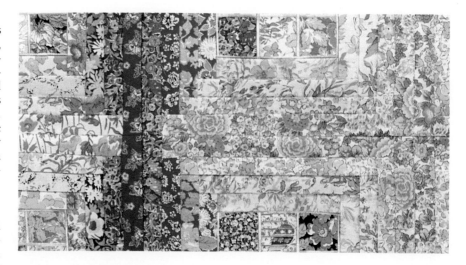

ARRIBA
Detalle de las tiras dobladas
~

en el cuadrado dibujado. Retire el papel protector. Corte las nueve piezas del tamaño exacto de las plantillas de la página siguiente. Colóquelas sobre el cuadrado de red adhesiva, de manera que unas piezas se solapen sobre las otras unos 3 mm, para prevenir que los bordes se escapen del cordoncillo. A continuación, planche las piezas sobre el refuerzo.

Con un hilo decorativo, borde un cordoncillo sobre los bordes de las piezas. Le será más fácil bordar en línea recta si previamente hace un pespunte que marque el camino. A continuación, dibuje el marco (ver plantilla) y bórdelo también con un cordoncillo.

LAS TIRAS

Las tiras se disponen en espiral. Aunque sólo se ven 13 mm de tela de cada tira, debajo de la siguiente vuelta de tiras debe haber otros 19 mm, ya que la costura que sujeta esta segunda vuelta pasa a 13 mm del borde doblado y debe coger los bordes cortados de la vuelta precedente. Así pues, las tiras de las dos primeras vueltas deben medir 6,5 cm de ancho, de manera que, cuando luego se doblen por la mitad y se planchen, queden del ancho correcto.

PRIMERA VUELTA

Recuerde que los bloques se trabajan en grupos de cuatro. Escoja la tela para las tiras 1 y 2 entre el conjunto de estampados de color claro. La tira núm. 1 debe medir 13 cm de largo y la tira núm. 2, 14 cm. Por tanto, para los cuatro bloques, necesita cortar una tira de 107 cm x 6,5 cm. Doble la tira por la mitad a lo largo, plánchela y, a continuación, marque la línea de costura a

13 mm del borde doblado. Divídala en cuatro largos de 13 cm, para la primera tira, y cuatro largos de 14 cm, para la segunda. Coja una de las tiras de 13 cm y coloque el borde doblado junto al «marco de la ventana» del bloque central. Sujétela con alfileres y cósala con un pespunte a 13 mm de distancia del borde doblado. Utilice un hilo a juego. Repita la operación en los tres bloques restantes. A continuación, dé un cuarto de vuelta al bloque. Coloque una tira de 14 cm junto al siguiente lado del marco, de manera que tape el extremo de la primera tira. Cosa por la línea marcada, a 13 mm del borde doblado. Repita la operación en los otros tres bloques.

Las tiras 3 y 4 deben ser de telas oscuras. Escoja el estampado y, para cuatro bloques, corte una tira de 117 cm de largo por 6,5 cm de ancho. Dóblela por la mitad y plánchela como en el caso anterior. Marque la línea de costura a 13 mm del borde doblado y divida la tira en cuatro piezas de 14 cm y otras cuatro de 15,5 cm. Coloque una tira de 14 cm junto al tercer lado del marco bordado y cósala como las anteriores, con un hilo a juego. Coloque una tira de 15,5 cm en el cuarto lado y cosa por la línea marcada. Repita la operación en los otros tres bloques.

Hemos completado la primera vuelta. La parte visible de las piezas de las esquinas y de los laterales del bloque central ha quedado reducida al mismo tamaño que la pieza del centro.

Plantillas y esquema del bloque de patch-work de nueve piezas en miniatura para los centros de los **BLOQUES DE «CABAÑA DE TRONCOS» CON VENTANAS.**

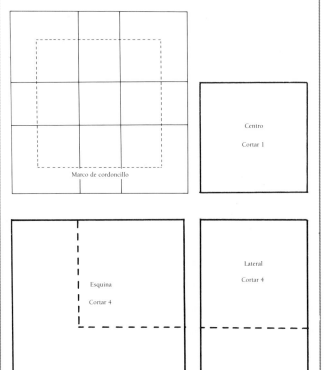

ARRIBA

Bloque «cabaña de troncos» con ventanas. Primera fase: las piezas del centro cosidas y enmarcadas con un cordoncillo.

~

Las costuras sujetan los bordes cortados dejando una solapa libre de 13 mm.

SEGUNDA VUELTA

Prepare la tela para la segunda vuelta igual que para la primera. Las tiras 5 y 6 son de tela de color claro y miden 15,5 cm y 16,5 cm respectivamente. Las tiras 7 y 8 son de color oscuro y miden 16,5 cm y 18 cm de largo. Córtelas, dóblelas, plánchelas y marque la línea de costura. Colóquelas con el borde doblado junto a la costura de la primera vuelta y cósalas siguiendo la línea marcada, como en la primera vuelta.

TERCERA VUELTA

Ahora debemos tener en cuenta la cuarta vuelta de tiras, que se coloca plana sobre el refuerzo, sin doblarla, para reducir el grosor y facilitar la unión de los bloques. Esto afecta a la tercera vuelta, ya que los 19 mm de tela que en las dos primeras hemos dejado entre la costura y los bordes cortados ya no son necesarios. La tira 4 sólo necesita 6 mm de margen.

Las tiras de la tercera vuelta se cortan de 4 cm de ancho para que al doblarlas por la mitad nos den los 20 mm necesarios. Todas las tiras de la tercera vuelta miden 18,5 cm de largo, por lo que para los cuatro bloques se necesita una tira de 148 cm de largo por 4 cm de ancho de tela clara y otra tira de las mismas dimensiones de tela oscura. Doble las tiras por la mitad, plánchelas y marque la línea de costura a 13 mm del

MEDIDAS PARA LAS TIRAS DOBLADAS				
	TIRA NÚM.	ANCHO	LARGO	TONO
VUELTA 1	1	6,5 cm	13 cm	claro
	2	6,5 cm	14 cm	claro
	3	6,5 cm	14 cm	oscuro
	4	6,5 cm	15,5 cm	oscuro
VUELTA 2	5	6,5 cm	15,5 cm	claro
	6	6,5 cm	16,5 cm	claro
	7	6,5 cm	16,5 cm	oscuro
	8	6,5 cm	18 cm	oscuro
VUELTA 3	9	4 cm	18,5 cm	claro
	10	4 cm	18,5 cm	claro
	11	4 cm	18,5 cm	oscuro
	12	4 cm	18,5 cm	oscuro
VUELTA 4	13	3,5 cm	19 cm	claro
	14	3,5 cm	20,5 cm	claro
	15	3,5 cm	21,5 cm	oscuro
	16	3,5 cm	23 cm	oscuro

ARRIBA, A LA DERECHA
Bloque «cabaña de troncos» con ventanas. Fase 3: tres vueltas de tiras colocadas.

~

DERECHA
«Cabaña de troncos» con ventanas: bloque completo.

~

borde doblado. Divida cada tira en ocho trozos iguales. Cosa las tiras 9, 10, 11 y 12 de los cuatro bloques colocando el borde doblado junto a la costura de la vuelta precedente.

CUARTA VUELTA

Mida y corte las tiras de la cuarta vuelta tal como se indica a continuación:
• Colores claros.
  Tira 13: 4 cm x 19 cm.
  Tira 14: 4 cm x 20,5 cm.
• Colores oscuros.
  Tira 15: 4 cm x 22 cm.
  Tira 16: 4 cm x 23 cm.
  Coloque la tira 13 encarada con la tira 9, de manera que los tres bordes cortados queden juntos. Hilvane y ponga el bloque boca abajo. Cosa por detrás haciendo pasar la costura justo un poco más adentro que la que sujeta las tiras de la tercera vuelta, para asegurarse de que por delante ésta queda tapada por las tiras de la cuarta. Déle la vuelta, quite el hilván y doble la tira de manera que se vea el derecho de la tela. Plánchela contra el refuerzo.
  Repita la operación con las tiras 14, 15 y 16, haciendo girar el bloque y plan-

chándolas a medida que las cose. Haga lo mismo en los otros tres bloques.

Ya tenemos la cuarta vuelta. Trace una línea paralela a la última vuelta de costuras, a una distancia de 19 mm. Cosa por esta línea para sujetar la última vuelta de tiras al refuerzo y corte junto a la costura. Esto deja un margen de costura de 6 mm alrededor de cada bloque para unirlo a los demás.

UNIÓN DE LOS BLOQUES

Siguiendo el modelo de la fotografía, ordene los bloques. Cósalos en grupos de cuatro y, a continuación, cosa dichos grupos de nuevo de cuatro en cuatro. Después, cósalos de dos en dos para construir las dos mitades del edredón.

Finalmente, una las dos mitades con una costura central. A medida que vaya avanzando, abra las costuras y

ARRIBA
«Tejados y ventanas»
~

plánchelas. Doble hacia dentro un margen de 6 mm en todo el contorno, hilvánelo y plánchelo.

FORRO Y ACABADO

Esta forma de construir los bloques «cabaña de troncos» evita tener que añadir una capa de guata, ya que los cuadrados de refuerzo hacen de relleno.

Coloque el cuadrado de tela de algodón de 155 cm de lado sobre el revés del patchwork, alíselo, sujételo con alfileres e hilvane. Recorte los bordes del forro de manera que sobresalgan 13 mm en todo el contorno. Doble dicho margen hacia dentro, de forma que coincidan los bordes del patchwork y del forro. Hilvane las dos capas siguiendo el contorno y deshaga los hilvanes anteriores.

Cosa a máquina el patchwork con el forro, haciendo coincidir los pespuntes con las costuras de unión de los bloques. Empiece en el centro y avance hacia los bordes. Utilice un hilo de color neutro, que no destaque sobre el resto de colores, o bien un hilo transparente junto con otro que haga juego con el forro en la canilla.

Por último, cosa el patchwork al forro con un repulgo que recorra el contorno.

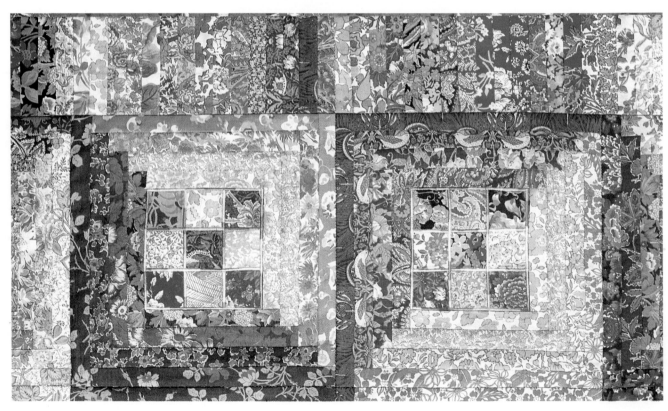